MW00459579

MULTITUDINOUS HEART

CARLOS DRUMMOND DE ANDRADE

MULTITUDINOUS HEART

SELECTED POEMS

A BILINGUAL EDITION

TRANSLATED FROM THE PORTUGUESE BY RICHARD ZENITH

FARRAR STRAUS GIROUX

NEW YORK

Farrar, Straus and Giroux

18 West 18th Street, New York 10011

Carlos Drummond de Andrade copyright © Graña Drummond,
www.carlosdrummond.com.br

Translation, Introduction, and Notes copyright © 2015 by Richard Zenith

All rights reserved

Printed in the United States of America

Published simultaneously in hardcover and paperback

First edition, 2015

Library of Congress Cataloging-in-Publication Data

Andrade, Carlos Drummond de, 1902–1987.

   [Poems. Selections. English & Portuguese]

   Multitudinous heart : selected poems : a bilingual edition / Carlos Drummond
de Andrade ; translated by Richard Zenith. — First edition.

    pages cm

   This is a translation of poems from several books: Alguma poesia; Brejo das Almas;
Sentimento do mundo; José; A rosa do povo; Novos poemas; Claro enigma; A vida
passada a limpo; A falta que ama; As impurezas do branco; Boitempo; Corpo; Farewell.

   Includes bibliographical references and index.

   Text in English and Portuguese.

   ISBN 978-0-374-28070-3 (hardback) — ISBN 978-0-374-71393-5 (e-book) —
ISBN 978-0-374-53549-0 (paperback)

   1. Andrade, Carlos Drummond de, 1902–1987—Translations into English. I. Zenith,
Richard, translator. II. Andrade, Carlos Drummond de, 1902–1987. Poems. Selections.
III. Andrade, Carlos Drummond de, 1902–1987. Poems. Selections. English. IV. Title.

PQ9697.A7185 A6 2015

869.1'42—dc23

                              2014040386

Designed by Quemadura

Farrar, Straus and Giroux books may be purchased for educational, business,
or promotional use. For information on bulk purchases, please contact the
Macmillan Corporate and Premium Sales Department at 1-800-221-7945,
extension 5442, or write to specialmarkets@macmillan.com.

www.fsgbooks.com
www.twitter.com/fsgbooks
www.facebook.com/fsgbooks

10 9 8 7 6 5 4 3 2 1

The illustration used on the frontispiece and part openers is from the
collection of Acervo da Fundação Casa de Rui Barbosa / Arquivo Museu de
Literatura Brasileira. Photograph reproduction by Ailton Alexandre da Silva.

CONTENTS

A VIDA PASSADA A LIMPO
FAIR COPY OF LIFE
(1959)

LIÇÃO DE COISAS
LESSON OF THINGS
(1962)

A FALTA QUE AMA
THE LOVING ABSENCE
(1968)

AS IMPUREZAS DO BRANCO
IMPURITIES OF WHITE
(1973)

In his last interview, given just weeks before his death in 1987, Carlos Drummond de Andrade (droo-MOHND djee ahn-DRAH-djee) said that his long and prolific career of poetry was not motivated by literary ambition but by "the need to express sensations and emotions that troubled my spirit and caused me anguish." Poetry, he explained, had served him as an "analyst's couch." It is hard to take seriously his denial of literary ambition, since as a young man his goal in life was clearly to write the finest poetry he could write. Once he became established as Brazil's greatest living poet (his only competitor for the title was João Cabral de Melo Neto, 1920–1999), he could relax, and the decreased poetic tension of his later work shows that he did relax. But what about the notion of poetry as self-expression and psychological self-analysis? It is a notion not necessarily in conflict with the idea of poetry as an artistic pursuit. For a man like Drummond, naturally taciturn, art was perhaps the ideal medium for exploring and expressing his feelings. Those feelings were not simply expressed, however; they were transformed. There was a metamorphic relationship between his life and his art.

The abundance of autobiographical information in the work of Carlos Drummond is apparently at odds with four of his recommendations to would-be poets contained in a poem appropriately titled "In Search of Poetry" (p. 83):

1. "Don't write poems about what happened."
2. "Don't tell me your feelings," because "[w]hat you think and feel is not yet poetry."
3. "Don't reconstruct / your gloomy, long-buried childhood."
4. "Don't shift back and forth between / the mirror and your fading memory."

After these and some other caveats, Drummond's poem goes on to stress that poetry is made of words, and only through quiet listening can the poet coax the right ones into the right places. But words, of course, are not just sounds and graphic figures. They stand for things, and this is especially true in the content-rich poetry of Drummond, full of references to events, feelings, and childhood memories—precisely the kinds of content his "In Search of Poetry" rejects. We could try to resolve the discrepancy between his theory and practice by arguing that Drummond treated his own life like so much clay, handling it with objective detachment. Reading his work, we find that there is indeed artistic detachment, but also an unabashedly subjective narrator who is often bursting with pathos.

In another, very different poem about his poetic method, Drummond seems to make room for personal history, feelings, and memories. He describes building an elephant—a metaphor for the poem—from his "scant resources," beginning with "some wood / from old furniture / to prop him up" ("The Elephant," p. 89). The old furniture presumably includes the poet's experiences, his life story placed at the service of poetry. But this "service" is not self-effacing, as if autobiography were an indifferent raw material. On the contrary: the self matters immensely. In "The Elephant" and in Drummond's poetry generally, the self is discreetly but sprawlingly everything and everyone. The poet's relationship to himself, to his family, to the supernatural, to his poetry, to the world at large, and to his readers is all of a piece—all the same relationship. Autobiography becomes omnibiography. That is what makes his work uniquely compelling.

The vast and multifaceted nature of Drummond's poetic "I" is announced in the poem that opens his first book—the "Seven-sided Poem"

(p. 3). In the sixth of its seven stanzas the narrator makes the spectacular claim that however large the world may be, "my heart's even larger." On the other hand, the first stanza has a "twisted" angel warning him at birth that he would be a "misfit" in life. His awkwardness is both social and spiritual, since he has difficulty getting on with other people and feels abandoned by God, whose absence he directly addresses in the fifth stanza. Elsewhere in the poem he explains how life overwhelms him. He is troubled by the urgency of the sexual impulse, baffled by the human diversity all around him, embarrassed by the sentimentality that spontaneously wells up in him, and he knows that poetry—his refuge—is not an adequate solution. Perhaps it is his overly large and sensitive heart that condemns him to be forever out of step with the world. Identified as "Carlos" in the third line, the poem's first-person narrator perfectly resembles Carlos Drummond de Andrade, but he is also a kind of everyman, as suggested by the poem's middle stanza, where he is referred to in the *third* person as "the man behind the glasses and mustache."

"Childhood" (p. 7), the second poem from Drummond's first book, recalls how he spent many an afternoon reading one of his favorite adventure stories, *Robinson Crusoe*, in the shade of the mango trees while his mother sewed, his baby brother slept, the maid brewed coffee, and his father rode over the fields on horseback. Looking back, the narrator realizes that his story "was more beautiful than Robinson Crusoe's." It is not the past, not memory *per se*, that the poet exalts, but experience. Books are secondary. Life itself is a sufficient resource for making poems.

The second stanza of "Childhood" is illustrative of Drummond's poetic technique in his early work:

> In the white light of noon, a voice that learned lullabies
> in shanties from the slave days and never forgot them
> called us for coffee.
> Coffee as black as the old black maid,
> pungent coffee,
> good coffee.

Words are used like paint to vividly evoke a scene, presenting a sharp contrast between light and dark, but the poem does not appeal only to our sense of sight. We can smell and taste the coffee, and we can hear those lullabies—perhaps sung by the maid while doing her chores, and most certainly when the narrator was still a baby and she rocked him to sleep. Drummond, a kind of literary Cubist, apposed and intersected temporal as well as spatial planes. "Childhood" shifts between the present time of remembrance, the time the poet was a boy with a baby brother, the time he himself was a baby, and the time before he was born, when the maid was a small child and learned songs that would later be woven into the narrator's childhood. The maid's past as a young slave—a growing-up story that contrasts with the narrator's own—is as important to the poem (and to the life it describes) as the story of Robinson Crusoe mentioned in other stanzas. The stories are interconnected, and the poem is about the experience of childhood in general, not only about Drummond's. It all makes for a deceptively simple, concise, and yet wide-open narrative.

In another early poem, "Multitudinous Heart" (p. 15), the poet feels desperately out of place in downtown Rio de Janeiro, so different from the landlocked state of Minas Gerais where he grew up and was still living. Lonely and depressed amid the flashing lights, the young traveler vaguely contemplates suicide but is suddenly gripped by the excitement of the coastal city, then the nation's capital. He feels the ocean waves pounding in his own chest, and the poem ends with these short and simple, yet enormous, lines: "the city is me / the city is me / I am the city / my love." Once more the poetic I expands far beyond the bounds of Carlos Drummond de Andrade. The narrator, the teeming city and "my love"—which can mean both the love he has to give and the object of that love—are juxtaposed like infinitely reflecting mirrors, making the moment of epiphany reverberate in a crescendo. Drummond was a master poet of the ordinary sublime.

A product of the Brazilian rural elite, Carlos Drummond de Andrade was born on October 31, 1902, the fifth of six children to reach adulthood (eight others died in infancy). His mother gave him the Drummond name, passed down from Scottish ancestors. His father owned and operated four ranches, but the town where they lived—Itabira—was known as the iron capital of Minas Gerais. When Drummond reports, in his "Confessions of a Man from Itabira" (p. 41), that the sidewalks of his hometown were "ninety percent iron," he was not exaggerating by much. And when he revisits the town as an adult and notes that "[t]he mountain was taller back then" (in "Journey Through the Family," p. 61), he means it literally: the iron-rich Cauê Peak had been decapitated and transformed into a mining pit. It was minerals—gold and diamonds—that first attracted settlers to Minas Gerais. Then came cattle ranchers and coffee growers. The people from Minas have always been known for being reserved, cautious, proud, and fiercely independent. Carlos Drummond fit the stereotype.

Generations of Andrade landowners had depended on slave labor, which was not abolished in Brazil until 1888, and former slaves worked as domestics in the large house where Drummond grew up. Their different way of speaking, their African religiosity (mixed up with Catholicism), their abundant use of medals and necklaces, the wealth of stories they had to tell, their songs—all of this represented an alternate, somewhat magical world for the future poet. There was a period in his childhood when Carlos was a regular visitor to the home of Alfredo Duval, a slave-descended mulatto who had gained local renown as an inventive, artistically sophisticated sculptor of saints. Duval also espoused anarchist political and social views.

Carlos's father was a tough-minded, domineering patriarch, but he was a friend of progress, fond of new things, and he indulged his children. When he was ten or eleven years old, Carlos easily talked him into buying the Portuguese version of the *International Library of Famous Literature*, in twenty-four volumes—which he later wrote about in "Green Library" (p. 327). Based on the original English-language edition, published in 1898, the *Library* included an assortment of greatest hits from the canon of Western literature, beginning with Homer, as well as many selections from nineteenth-century British and American authors now more or less forgotten. This hodgepodge of poetry, essays, fiction, and theater became the literary foundation for the little boy from Itabira. Drummond's subsequent readings, as an adolescent and then an adult, would continue to be a mixed bag of irreproachable classics and recent literature of uneven quality. He did not worry about gaps in his knowledge of general culture, and he was far less informed about poetry than a Pound, an Eliot, or a Fernando Pessoa. That did not stop his rich literary imagination from being as productive as theirs.

Shy and studious but firm in his convictions and unwilling to back down, Drummond was expelled from a Jesuit boarding school for "mental insubordination." That was in 1919. The next year he moved with his family to Belo Horizonte, the capital of Minas Gerais. It was there that he began to have a literary life, meeting with other young writers in cafés. He had already been a contributor to student publications; now he placed articles in local newspapers. It was an effervescent period for art and literature. The Modern Art Week of São Paulo, held in February 1922, gave visibility and momentum to Brazilian Modernism, which adapted the tenets of European vanguard movements such as Futurism and Dadaism to a nationalist project that promoted native culture and linguistic independence from Portugal. The fervor spread to other urban centers, and in 1924 an informal delegation of modernists traveled from São Paulo to Belo Horizonte. It included the painter Tarsila do Amaral (1886–1973), the Swiss writer Blaise Cendrars (1887–1961), and the two prime movers of literary Modernism in Brazil: Oswald de Andrade (1890–1954) and Mário de Andrade (1893–1945).

It is an odd coincidence: none of the three Andrades were related, but they form a trinity without which the history of twentieth-century Brazilian poetry would be much poorer. Oswald was the great iconoclast and fiery preacher of Modernism. Mário was a more careful and constructive theorist and creator. Carlos was the most inspired practitioner, applying lessons learned from the two older Andrades to produce his country's most dazzling body of poetry to date.

Drummond had praised Oswald de Andrade's first novel in a review for a Belo Horizonte newspaper published in late 1922, and it was Oswald who, a year and a half later, made sure the young writer and journalist knew that the modernists were coming to town. In 1928 Oswald would publish "In the Middle of the Road" (p. 11)—the poem that made Drummond both famous and infamous—on the front page of his *Revista de Antropofagia*. (Most of the ten-line poem is built on permutations of a single phrase: "In the middle of the road there was a stone.") Anthropophagy, or cannibalism, as promulgated in the magazine, signified the violent assimilation and thorough Brazilianization of European cultural models, and it also honored Brazil's indigenous past, when ritual cannibalism was still practiced. The native Tupi people did not have a written language until the Jesuits arrived, and Drummond soon came to feel that Oswald's anthropophagy, when applied to poetry, had too much anthropology. This led to a falling-out between the two writers.

Mário de Andrade was Drummond's most vital and enduring mentor. They began exchanging letters in 1924, right after their first meeting, and Mário was a brilliant literary coach. He generously read the younger poet's work, giving him detailed commentary and urging him, above all, to write Portuguese the way Brazilians actually spoke it. Mário, who had studied music, was particularly attentive to sound and rhythm, and since he understood exactly what Carlos was trying to achieve, he knew just what to encourage, what to warn against.

In 1925 Drummond, who already stood out as one of the leading modernists from Minas Gerais, founded a short-lived magazine with his friends from Belo Horizonte, and in 1930 he self-published his first book of poems, which was widely admired, even if his dry, minimalist style was not to everyone's liking. Manuel Bandeira (1886–1968), the senior poet among the Brazilian modernists, lavished praise on the poetry. So did Mário de Andrade. Drummond's poetic career was launched, but he still needed to earn a living. He had a wife to support, Dolores, and since 1928 a daughter, Maria Julieta (the couple had lost a newborn son one year earlier). Averse to working as a pharmacist, the profession for which he earned a degree in 1925, the same year he married, the poet did some teaching and pursued journalism until he finally secured a job as a civil servant for the state of Minas Gerais, in 1929. Five years later he moved with his wife and daughter to Rio de Janeiro, where he would work for the federal government until his retirement, in 1962. It was in that city that he died, on August 17, 1987, twelve days after his daughter's death from cancer. His wife, born in 1899, died in 1994. There are three surviving grandsons.

Unlike some of his modernist predecessors, Drummond was neither flamboyant in appearance nor sparkling in his conversation. Mild-mannered to a fault, he had opinions and tastes typical for a liberal-minded, well-educated man partial to culture. The changing times and his new social milieu had a noticeable, partly predictable, effect on his poetry, at least in the first several decades of his career. Not so predictable was the staunch individualist's conversion to Communism. In Brazil, as elsewhere, there was a militant contingent of Communist adherents among intellectuals, and the Soviet Union's defeat of Hitler on the Eastern Front burnished the red party's credentials. It was only then that Drummond signed on, but he began moving in that direction at the beginning of the war.

Feeling of the World (1940), Drummond's third book, contains a number of overtly political, left-leaning poems. Avoiding denunciatory slogans or utopian visions of a collective future, Drummond placed his socially concerned narrator in the middle of the ideological battleground. He questions himself, his motives, and his commitment, and the ambition to transform society is not divorced from the need he feels for self-transformation. The book's extraordinary opening verses, "I have just two hands / and the feeling of the world" (p. 37), recall the conceit of a heart that's larger than the whole world (in "Seven-sided Poem"), but the two hands are symbols of a new concern—that of working for humanity, whose struggles the poet shares. Two hands, of course, are too few to achieve any broad kind of change, putting him at a loss from the outset.

The drama of the bourgeois individual who yearns to change society is poignantly portrayed in "Elegy 1938" (p. 49), with the elegist accusing himself of indolence, pride, and impatience. The poem is much more than self-criticism, however. It points a finger at the political "heroes" who rouse up the crowds in city parks and then retreat to their books and ideologies. And while the "Great Machine" that exasperates the narrator obviously refers to the political and economic system, it also includes nature itself, represented by the "inscrutable" palm trees lining the wide avenues of Rio de Janeiro. Incapable of wishful or facile thinking, Drummond viewed human society in relation to human nature, and human nature as part of the natural order. Change was not going to be easy. In the poem's final stanza, a catalogue of ills plaguing Brazil and the rest of the world in 1938 includes not only the war, unemployment, and unfair distribution of wealth but also the rain. Drummond was not being facetious. He was admitting—or he at least suspected—that economic injustice and armed conflict among humans were as inevitable as the weather.

Feeling of the World had a print run of only 150 copies. It was not until 1942 that Drummond's poetry became available in a commercial edition with decent distribution, entitled *Poesias*. The volume brought together his first three collections and included a fourth one: *José*. Acclaimed by critics since he first began publishing, the poet now won an enthusiastic following among readers at large. Carlos Drummond de Andrade became a public figure. And so the Brazilian Communist Party was delighted when, in May 1945, he agreed to be a coeditor of its official newspaper, the *Tribuna Popular*. He lasted in the post for only a few months. There was little room for diversity of opinion, and the poet was unwilling to censor himself. When the party leadership suppressed the last line of one of his articles for the newspaper, he was furious, and by November he parted ways with both the paper and the party.

By an irony of timing, it was the very next month, December 1945, that his publisher brought out the collection *Rose of the People*, hailed by a reviewer as "the only revolutionary work . . . by a Communist author in Brazil." It included a handful of poems that could indeed be labeled revolutionary, and "Letter to Stalingrad," besides praising the city for resisting the Nazi invaders, smiled with hopeful approval on the "new world" being built by the Soviet regime. Perhaps this poem (not included in this volume), while a great paean to a besieged citizenry, is a tad wishful and facile—an exception to the rule of organic, psychological, and ideological complexity that distinguishes Drummond's political poetry. Take "Death of the Milkman" (p. 75), in which a nameless member of the proletariat is the victim of a system that values the preservation of property over human life. Reading the poem closely, we find that the likewise nameless property owner who shot the milkman is himself a victim, a circumstance highlighted by the fact that the lethal gun "jumped into his hand." The almost passive agent of the crime courts pity from his neighbors by reminding them that he has family, namely a father, who perhaps depends on him for sustenance. The poor, uneducated milkman, meanwhile, is not only a casualty of the capitalist obsession to protect property at all costs; he is also a prey of the poet-narrator's "impulse / of human empathy," which he cannot grasp and which is of no practical benefit to him. It benefits only the poet—who takes advantage of the milkman's death to write a heartfelt poem—and the poet's readers, who are deeply moved by the story. Everyone is implicated.

The various thematic threads of "Death of the Milkman"—class conflicts, family relationships, the poet's relationship to the world and to his poetic art—recur elsewhere in *Rose of the People*, which also includes profound reflections on love, on aging, and on dying. If Drummond has a magnum opus, it is this book, in which he sometimes seems to leave poetry behind, as if his words were a direct transcription of life itself. In "The Last Days" (p. 157), his greatest testament and hymn to living, the poet courageously leaves himself behind, knowing that life should and will continue without him. The beauty of Drummond's autobiographical poems is that the personal life they describe, interrogate, and memorialize is unessential. It is a specimen, a concrete instance—a naked model for the work of art.

Drummond's poetry entered new territory with the publication of *Clear Enigma* (1951), whose epigraph, "Les évènements m'ennuient" (Paul Valéry), was a tip-off that something had changed. It was mainly political events that bored the poet, disillusioned by his brief incursion into party politics several years earlier. Other kinds of events—dealing with affections, the family, and the inexorable passage of time—continued to serve as thematic material. His poems, after all, had to be about something. What was most obviously different about *Clear Enigma* was the presence of traditional poetic forms. The modernist poet who had rarely before used fixed meters, let alone rhyme, now availed himself of both devices. While many of the poems in the collection still relied on the free-verse style Drummond had been cultivating for over twenty years, others resorted to a rhyme scheme, and there are a number of sonnets. "The Table" (p. 215), definable as a personal family epic, forgoes rhyme but employs seven metrical syllables* in every one of its 340 lines. (My translations of this and other poems attend to rhythm with-

---

*All syllables up to and including the last accented syllable in a line, with the additional proviso that contiguous vowels, whether in the same word or adjoining words, can merge and be counted as one vowel.

out counting syllables.) And "The Machine of the World" (p. 241), likewise unrhymed, maintains a strict decasyllabic line and looks at first glance as if it were written in *terza rima*, that marvelous form invented by Dante Alighieri. The first stanza, in fact, evokes Dante at the start of his journey in the *Inferno* but with the scene transposed to a road in Minas Gerais. The rest of the poem, with its classical diction and dense syntax, is reminiscent of Luís de Camões. The "machine of the world" is a conceit borrowed directly from the great Portuguese Renaissance poet who used it in a lyric poem and in his epic *The Lusiads*.

A semiclassical style continues to weave through subsequent collections, even if free verse was and would always remain Drummond's dominant style. Sometimes he combined the two. "Elegy" (p. 267), published in 1954, is another poem whose language and tone are strongly reminiscent of Camões (in his *canções*, or canzoni), although it does not rhyme or observe any metrical pattern. Drummond's late-blooming interest in classical forms and registers coincided with an increased attention to metaphysics. Ever since "In the Middle of the Road," with its obsessive focus on a single stone lying in the road, he was fond of taking up ontological and metaphysical issues, but now they loomed larger and were more likely to be addressed head-on. The modernist cause had been won, while age-old questions of philosophy and theology still begged for answers.

The opening salvo of "Eternal" (p. 261), published in the same collection as "Elegy," seems to accurately speak for the poet himself: "And how boring, after all, it is to be modern. / Now I'll be eternal." As it happens, this poem's language and versification are modern rather than classical, but they are not ideologically, dogmatically, modern. What Drummond wanted, at this point in his journey, was the freedom to write in all styles, without having to push a program. He also insisted on the right to be eternal, or to pretend he was eternal, even if he did not believe in God. One of Drummond's favorite authors, whom he read more closely as he grew older, was Søren Kierkegaard, Denmark's great doubter who chose to believe. Brazil's great poet—a confessed agnostic—chose life itself, life on earth, without forgetting how it ends. "It will be grim, yielding, bleak," he wrote in "The Last Days." But "Eternal" reads like a giddy, irreverent capriccio. Using Machado de Assis to make fun of Pascal, it is one of Drummond's most playful poems. It ends, however, with this solemn prayer: "that the urgent need to be eternal bob like a sponge in the chaos, / creating a rhythm / between oceans of nothing." The last two cited verses are a perfect description of what Carlos Drummond spent his poetic life doing. He practiced what he prayed.

Besides writing poetry, Drummond had always published occasional criticism, commentary, and short stories in newspapers, and in the 1950s he began a long career as a columnist, producing hundreds of often witty *crônicas* about all sorts of real and unreal people and events. The *crônica* is an open format that gives the columnist virtually free rein. The poet and journalist also translated some novels (by Laclos, Balzac, Proust, and others), plays (Molière and García Lorca), and a scattering of poems from various languages. Although his own poetry showed signs of fatigue, it remained his privileged vehicle for making sense of the world, it did not lapse into repetition, and the best of his new poems ranked with his vintage work. He reached the heights less often than he used to, but he still reached them.

The chronically out-of-place figure cut by Drummond's stubbornly pensive, self-conscious I was a central motif for as long as he wrote, but his perspective on that figure kept changing. Like a shifting camera, his poetry captures the I out of sync with life's random events ("Porcelain,"

p. 297), out of sync with his lovers ("Destruction," p. 295) and with love itself ("The Infernal Powers," p. 281), out of sync with his strangely god-like consciousness ("The Misinformed God," p. 303), out of sync with his age ("Declaration in Court," p. 311), with his physical body ("The Body's Contradictions," p. 355), with the natural world ("Unity," p. 369), and out of sync with his own personal history ("The House of Lost Time," p. 371). Drummond's poems are an ongoing series of musical protests, twisted hymns, celebrations of imperfection. In a harmonious world there would be no place for poetry as he knew it and made it.

Between 1968 and 1979, Drummond published three volumes of poems under the general title *Oxtime*. They form an unstructured memoir of his years growing up and going to school in Minas Gerais. Without pretending to be high poetry, these simple stories couched in verses succeed—like cinema—in transporting us to the places and times they portray. It would be hard to imagine a more effective autobiography. But the evoked experiences are at the same time exemplary. They are part of Drummond's larger project of considering what makes a human human, and how one human fits in with other humans and with his or her surroundings. Acutely aware of how people and things very often don't fit, as if incompatibility were the general rule, he was also attentive to life's brief moments of perfect agreement, love, which his poetry made a point of recording and even of creating. A cross-dressing woman in the Itabira of his boyhood really existed, according to one of Drummond's interviews, but it was only in the poem "Woman Dressed as a Man" (p. 339) that he, a small and frustrated "boy-man," walked hand in hand with her, a frustrated "woman-man," parading through the town, in the middle of the night, their mutual "discontent with the malformed world."

In the world according to Drummond, everyone is ultimately a misfit, and this shared condition becomes a basis for communion—with family members, with friends or lovers, or with perfect strangers. On rare occasions they find each other; they always keep looking and hoping. It is not the will to live but the will to love that motivates the heroic I and the other characters who inhabit these poems.

In 1962 Carlos Drummond published *Antologia poética*, a personal anthology of poems from his first ten books, divided into nine thematic categories: (1) The Individual, (2) Minas Gerais, (3) Family, (4) Friends, (5) Social Confrontation, (6) Experience of Love, (7) Poetry Itself, (8) Playful Exercises, and (9) An Attempt to Understand Existence. Even if it is true, as Drummond claimed, that he was more concerned to present a balanced, overall view of his work than to single out the best poems, the anthology has a high concentration of his finest work and was the natural starting point for my selection. Fifty-four of the eighty poems in *Multitudinous Heart* can be found in the *Antologia poética*.

The rural interior where Drummond grew up features in a number of my translations, but I have given short shrift to poems specifically about Minas Gerais, nor have I included poems addressed to other writers or to friends. Likewise missing are the poet's "playful exercises," which usually turn on some particularity of Portuguese that cannot be adequately translated. Drummond used graphic and word games inspired by the concrete poetry movement for a few poems included in his *Lesson of Things* (1962), but it was a lesson he soon abandoned. Erotic poetry is yet another facet of Drummond not represented here. During his last ten years he wrote a series of mostly rhyming, mildly erotic poems, which he only allowed to be published posthumously (*Amor natural*, 1992). I mention these exclusions not by way of apology but to make the point that Drummond's poetic oeuvre is even wider in scope than the considerable diversity in my selection indicates.

Carlos Drummond's first translator into English was John Nist, but the first translations to make his work noticed and admired in English were done by Elizabeth Bishop (seven poems) and Mark Strand (many more). The generally excellent volume of Drummond's work titled *Travelling in the Family: Selected Poems* (Random House, 1986) included all of Bishop's and most of Strand's translations, many others by Thomas Colchie (who also wrote the Introduction), and one by Gregory Rabassa. The result was a choice offering of forty-one poems. To avoid redundancy and to make more of Drummond available in English, I varied my selection, doing new translations only for fifteen of the poems in *Travelling* that seemed to me essential.

The Portuguese source text is based on the (partial) critical edition published in 2012 and on the carefully prepared readers' editions that Companhia das Letras began publishing that same year. Companhia kindly provided me with digital copies in Portuguese for most of the poems included in this selection.

ALGUMA POESIA

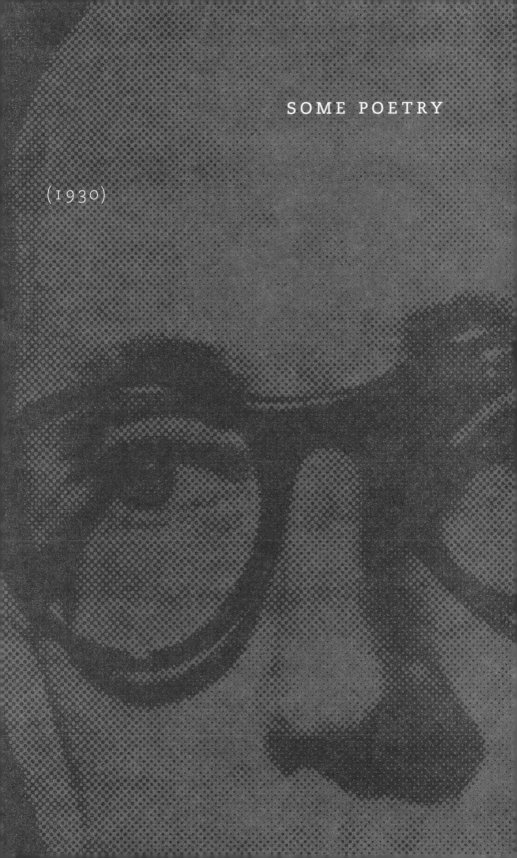

SOME POETRY

(1930)

POEMA DE SETE FACES

Quando nasci, um anjo torto
desses que vivem na sombra
disse: Vai, Carlos! ser *gauche* na vida.

As casas espiam os homens
que correm atrás de mulheres.
A tarde talvez fosse azul,
não houvesse tantos desejos.

O bonde passa cheio de pernas:
pernas brancas pretas amarelas.
Para que tanta perna, meu Deus, pergunta meu coração.
Porém meus olhos
não perguntam nada.

O homem atrás do bigode
é sério, simples e forte.
Quase não conversa.
Tem poucos, raros amigos
o homem atrás dos óculos e do bigode.

Meu Deus, por que me abandonaste
se sabias que eu não era Deus
se sabias que eu era fraco.

Mundo mundo vasto mundo,
se eu me chamasse Raimundo

SEVEN-SIDED POEM

When I was born, one of those twisted
angels who live in the shadows said:
"Carlos, get ready to be a misfit in life!"

The houses watch the men
who chase after women.
If desire weren't so rampant,
the afternoon might be blue.

The passing streetcar's full of legs:
white and black and yellow legs.
My heart asks why, my God, so many legs?
My eyes, however,
ask no questions.

The man behind the mustache
is serious, simple, and strong.
He hardly ever talks.
Only a very few are friends
with the man behind the glasses and mustache.

My God, why have you forsaken me
if you knew that I wasn't God,
if you knew that I was weak.

World so large, world so wide,
if my name were Clyde,

seria uma rima, não seria uma solução.
Mundo mundo vasto mundo,
mais vasto é meu coração.

Eu não devia te dizer
mas essa lua
mas esse conhaque
botam a gente comovido como o diabo.

it would be a rhyme but not an answer.
World so wide, world so large,
my heart's even larger.

I shouldn't tell you,
but this moon
but this brandy
make me sentimental as hell.

INFÂNCIA

Meu pai montava a cavalo, ia para o campo.
Minha mãe ficava sentada cosendo.
Meu irmão pequeno dormia.
Eu sozinho menino entre mangueiras
lia a história de Robinson Crusoé,
comprida história que não acaba mais.

No meio-dia branco de luz uma voz que aprendeu
a ninar nos longes da senzala—e nunca se esqueceu
chamava para o café.
Café preto que nem a preta velha
café gostoso
café bom.

Minha mãe ficava sentada cosendo
olhando para mim:
—Psiu . . . Não acorde o menino.
Para o berço onde pousou um mosquito.
E dava um suspiro . . . que fundo!

Lá longe meu pai campeava
no mato sem fim da fazenda.

E eu não sabia que minha história
era mais bonita que a de Robinson Crusoé.

CHILDHOOD

My father rode off on his horse to the fields.
My mother sat in a chair and sewed.
My little brother slept.
And I, on my own among the mango trees,
read the story of Robinson Crusoe.
A long story that never ends.

In the white light of noon, a voice that learned lullabies
in shanties from the slave days and never forgot them
called us for coffee.
Coffee as black as the old black maid,
pungent coffee,
good coffee.

My mother, still sitting there sewing,
looked at me:
"Shhh . . . Don't wake the baby."
Then at the crib where a mosquito had landed.
She uttered a sigh . . . how deep!

Far away my father was riding
in the ranch's endless pasture.

And I didn't know that my story
was more beautiful than Robinson Crusoe's.

LAGOA

Eu não vi o mar.
Não sei se o mar é bonito,
não sei se ele é bravo.
O mar não me importa.

Eu vi a lagoa.
A lagoa, sim.
A lagoa é grande
e calma também.

Na chuva de cores
da tarde que explode
a lagoa brilha
a lagoa se pinta
de todas as cores.
Eu não vi o mar.
Eu vi a lagoa . . .

I never saw the sea.
I don't know if it's pretty,
I don't know if it's rough.
The sea doesn't matter to me.

I saw the lake.
Yes, the lake.
The lake is large
and also calm.

The rain of colors
from the exploding afternoon
makes the lake shimmer
makes it a lake painted
by every color.
I never saw the sea.
I saw the lake . . .

NO MEIO DO CAMINHO

No meio do caminho tinha uma pedra
tinha uma pedra no meio do caminho
tinha uma pedra
no meio do caminho tinha uma pedra.

Nunca me esquecerei desse acontecimento
na vida de minhas retinas tão fatigadas.
Nunca me esquecerei que no meio do caminho
tinha uma pedra
tinha uma pedra no meio do caminho
no meio do caminho tinha uma pedra.

IN THE MIDDLE OF THE ROAD

In the middle of the road there was a stone
there was a stone in the middle of the road
there was a stone
in the middle of the road there was a stone.

I will never forget that event
in the life of my exhausted retinas.
I will never forget that in the middle of the road
there was a stone
there was a stone in the middle of the road
in the middle of the road there was a stone.

QUADRILHA

João amava Teresa que amava Raimundo
que amava Maria que amava Joaquim que amava Lili
que não amava ninguém.
João foi pra os Estados Unidos, Teresa para o convento,
Raimundo morreu de desastre, Maria ficou para tia,
Joaquim suicidou-se e Lili casou com J. Pinto Fernandes
que não tinha entrado na história.

SQUARE DANCE

João loved Teresa who loved Raimundo
who loved Maria who loved Joaquim who loved Lili
who didn't love anyone.
João went to the United States, Teresa to a convent,
Raimundo died in an accident, Maria became a spinster,
Joaquim committed suicide, and Lili married J. Pinto Fernandes,
who had nothing to do with the story.

CORAÇÃO NUMEROSO

Foi no Rio.
Eu passeava na Avenida quase meia-noite.
Bicos de seio batiam nos bicos de luz estrelas inumeráveis.
Havia a promessa do mar
e bondes tilintavam,
abafando o calor
que soprava no vento
e o vento vinha de Minas.

Meus paralíticos sonhos desgosto de viver
(a vida para mim é vontade de morrer)
faziam de mim homem-realejo imperturbavelmente
na Galeria Cruzeiro quente quente
e como não conhecia ninguém a não ser o doce vento mineiro,
nenhuma vontade de beber, eu disse: Acabemos com isso.

Mas tremia na cidade uma fascinação casas compridas
autos abertos correndo caminho do mar
voluptuosidade errante do calor
mil presentes da vida aos homens indiferentes,
que meu coração bateu forte, meus olhos inúteis choraram.

O mar batia em meu peito, já não batia no cais.
A rua acabou, quede as árvores? a cidade sou eu
a cidade sou eu
sou eu a cidade
meu amor.

MULTITUDINOUS HEART

It happened in Rio.
I was walking on the Avenida close to midnight.
Breasts were bouncing amid lights flashing countless stars.
The promise of the sea
and the jangle of streetcars
tempered the heat
that wafted in the wind
and the wind came from Minas Gerais.

My paralytic dreams the ennui of living
(life for me is the wish to die)
reduced me to a human barrel-organ remotely
in the shopping arcade of the Hotel Avenida sultry sultry
and since I knew no one, just the soft wind from Minas,
and didn't feel like drinking, I said: Let's end this.

But an excitement throbbed in the city its long buildings
cars with tops down zooming toward the sea
the sensuously roving heat
a thousand gifts of life for indifferent people,
and my heart beat violently, my useless eyes cried.

The sea was beating in my chest, no longer against the wharf.
The street ended, where did the trees go? the city is me
the city is me
I am the city
my love.

NOTA SOCIAL

O poeta chega na estação.
O poeta desembarca.
O poeta toma um auto.
O poeta vai para o hotel.
E enquanto ele faz isso
como qualquer homem da terra,
uma ovação o persegue
feito vaia.
Bandeirolas
abrem alas.
Bandas de música. Foguetes.
Discursos. Povo de chapéu de palha.
Máquinas fotográficas assestadas.
Automóveis imóveis.
Bravos . . .
O poeta está melancólico.

Numa árvore do passeio público
(melhoramento da atual administração)
árvore gorda, prisioneira
de anúncios coloridos,
árvore banal, árvore que ninguém vê
canta uma cigarra.
Canta uma cigarra que ninguém ouve
um hino que ninguém aplaude.
Canta, no sol danado.

The poet arrives at the station.
The poet steps off the train.
The poet takes a taxi.
The poet goes to the hotel.
And as he does all this
like any earthly man,
hoorays pursue him
like hoots.
Waving pennants
open up to make way.
Bands play. There are fireworks.
Speeches. People in straw hats.
Cameras ready to click.
Cars standing still.
Cheers . . .
The poet is melancholy.

In a tree on the public promenade
(laid out by the current administration),
in a fat tree imprisoned
by colorful posters,
in an ordinary tree that no one sees,
a cicada is singing.
A cicada that no one hears is singing
a song that no one applauds.
It sings, in the blistering sun.

O poeta entra no elevador

o poeta sobe

o poeta fecha-se no quarto.

O poeta está melancólico.

The poet enters the elevator

the poet ascends

the poet shuts himself in his room.

The poet is melancholy.

POEMA DA PURIFICAÇÃO

Depois de tantos combates
o anjo bom matou o anjo mau
e jogou seu corpo no rio.

As águas ficaram tintas
de um sangue que não descorava
e os peixes todos morreram.

Mas uma luz que ninguém soube
dizer de onde tinha vindo
apareceu para clarear o mundo,
e outro anjo pensou a ferida
do anjo batalhador.

PURIFICATION POEM

After many battles
the good angel killed the bad angel
and threw his corpse in the river.

The waters were stained
by a blood whose red wouldn't fade,
and the fish all died.

But one day a light
from nobody knew where
arrived to illumine the world,
and another angel nursed the wound
of the fighter angel.

BREJO DAS ALMAS

SWAMP OF SOULS

(1934)

SONETO DA PERDIDA ESPERANÇA

Perdi o bonde e a esperança.
Volto pálido para casa.
A rua é inútil e nenhum auto
passaria sobre meu corpo.

Vou subir a ladeira lenta
em que os caminhos se fundem.
Todos eles conduzem ao
princípio do drama e da flora.

Não sei se estou sofrendo
ou se é alguém que se diverte
por que não? na noite escassa

com um insolúvel flautim.
Entretanto há muito tempo
nós gritamos: sim! ao eterno.

SONNET OF MISSING HOPE

I missed the streetcar and am missing
hope. Downhearted, I head
home. The street is useless,
and no car would run me over.

I'll climb the slow slope
where the paths all come together.
They all lead back to the beginning
of the drama and the flora.

I don't know if I'm suffering
or if someone's having fun
(why not?) with a cryptic flute

on this stingy night. But I know
that for ages we've been crying
Yes! to the eternal.

POEMA PATÉTICO

Que barulho é esse na escada?
É o amor que está acabando,
é o homem que fechou a porta
e se enforcou na cortina.

Que barulho é esse na escada?
É Guiomar que tapou os olhos
e se assoou com estrondo.
É a lua imóvel sobre os pratos
e os metais que brilham na copa.

Que barulho é esse na escada?
É a torneira pingando água,
é o lamento imperceptível
de alguém que perdeu no jogo
enquanto a banda de música
vai baixando, baixando de tom.

Que barulho é esse na escada?
É a virgem com um trombone,
a criança com um tambor,
o bispo com uma campainha
e alguém abafando o rumor
que salta de meu coração.

EMPATHETIC POEM

What noise is that on the stairs?
It's love coming to an end,
it's the man who shut the door
and hung himself with the curtain.

What noise is that on the stairs?
It's Guiomar covering her eyes
and blowing her nose like a horn.
It's the plates and pans in the pantry
lit up by a still moon.

What noise is that on the stairs?
It's the faucet dripping water,
it's the indiscernible cursing
of someone who lost the game
while the music from the band
keeps getting softer, softer.

What noise is that on the stairs?
It's the virgin on a trombone,
the child beating a drum,
the bishop ringing a bell,
and someone stifling the din
that's leaping from my heart.

NÃO SE MATE

Carlos, sossegue, o amor
é isso que você está vendo:
hoje beija, amanhã não beija,
depois de amanhã é domingo
e segunda-feira ninguém sabe
o que será.

Inútil você resistir
ou mesmo suicidar-se.
Não se mate, oh não se mate,
reserve-se todo para
as bodas que ninguém sabe
quando virão,
se é que virão.

O amor, Carlos, você telúrico,
a noite passou em você,
e os recalques se sublimando,
lá dentro um barulho inefável,
rezas,
vitrolas,
santos que se persignam,
anúncios do melhor sabão,
barulho que ninguém sabe
de quê, praquê.

DON'T KILL YOURSELF

Carlos, calm down, love
is exactly what you're seeing:
a kiss today, none tomorrow,
the day after tomorrow's Sunday,
and Monday no one knows
what will happen.

There's no use fretting,
let alone committing suicide.
Don't do it, don't kill yourself,
save yourself, all of you,
for the wedding to take place
no one knows when,
if ever.

Love spent the night in you,
Carlos, earthly Carlos,
and desire, seeking expression,
stirred an ineffable inner hubbub,
prayers,
record players,
saints crossing themselves,
ads for the best soap,
a hubbub about no one knows
what, or why.

Entretanto você caminha
melancólico e vertical.
Você é a palmeira, você é o grito
que ninguém ouviu no teatro
e as luzes todas se apagam.
O amor no escuro, não, no claro,
é sempre triste, meu filho, Carlos,
mas não diga nada a ninguém,
ninguém sabe nem saberá.

And you keep walking,
melancholy and upright.
You're the palm tree, you're the shout
no one heard in the theater
and all the lights went out.
Love in the dark, no, in daylight,
is always sad, my dear Carlos,
but don't tell anyone,
no one knows or will know.

SEGREDO

A poesia é incomunicável.
Fique torto no seu canto.
Não ame.

Ouço dizer que há tiroteio
ao alcance do nosso corpo.
É a revolução? o amor?
Não diga nada.

Tudo é possível, só eu impossível.
O mar transborda de peixes.
Há homens que andam no mar
como se andassem na rua.
Não conte.

Suponha que um anjo de fogo
varresse a face da terra
e os homens sacrificados
pedissem perdão.
Não peça.

Poetry can't be communicated.
Stay knotted up in your corner.
Don't love.

I hear there's shooting
and we're within range.
Is it the revolution? Love?
Don't say a thing.

Everything's possible, only I'm impossible.
The sea's overflowing with fish.
There are men who walk on the sea
as if on the street.
Don't tell.

Suppose an angel of fire
were to sweep the face of the earth
and the people being sacrificed
begged for mercy.
Don't beg.

SENTIMENTO DO MUNDO

FEELING OF THE WORLD

(1940)

SENTIMENTO DO MUNDO

Tenho apenas duas mãos
e o sentimento do mundo,
mas estou cheio de escravos,
minhas lembranças escorrem
e o corpo transige
na confluência do amor.

Quando me levantar, o céu
estará morto e saqueado,
eu mesmo estarei morto,
morto meu desejo, morto
o pântano sem acordes.

Os camaradas não disseram
que havia uma guerra
e era necessário
trazer fogo e alimento.
Sinto-me disperso,
anterior a fronteiras,
humildemente vos peço
que me perdoeis.

Quando os corpos passarem,
eu ficarei sozinho
desfiando a recordação
do sineiro, da viúva e do microscopista

FEELING OF THE WORLD

I have just two hands
and the feeling of the world,
but I'm teeming with slaves,
my memories are streaming
and my body yields
at the crossroads of love.

When I get up, the sky
will be dead and plundered,
I myself will be dead,
my desire and the songless
swamp dead.

My comrades didn't tell me
that a war was on
and I needed
to bring arms and food.
I feel scattered,
before any borders,
and I humbly beseech
your pardon.

When the bodies pass
I'll stay on alone
unraveling the memory
of the bell ringer, the widow, and the microscope man

que habitavam a barraca
e não foram encontrados
ao amanhecer

esse amanhecer
mais noite que a noite.

who lived in the tent
and were missing
the next morning

that morning
more night than the night.

CONFIDÊNCIA DO ITABIRANO

Alguns anos vivi em Itabira.
Principalmente nasci em Itabira.
Por isso sou triste, orgulhoso: de ferro.
Noventa por cento de ferro nas calçadas.
Oitenta por cento de ferro nas almas.
E esse alheamento do que na vida é porosidade e comunicação.

A vontade de amar, que me paralisa o trabalho,
vem de Itabira, de suas noites brancas, sem mulheres e sem horizontes.
E o hábito de sofrer, que tanto me diverte,
é doce herança itabirana.

De Itabira trouxe prendas diversas que ora te ofereço:
esta pedra de ferro, futuro aço do Brasil;
este São Benedito do velho santeiro Alfredo Duval;
este couro de anta, estendido no sofá da sala de visitas;
este orgulho, esta cabeça baixa . . .

Tive ouro, tive gado, tive fazendas.
Hoje sou funcionário público.
Itabira é apenas uma fotografia na parede.
Mas como dói!

CONFESSIONS OF A MAN FROM ITABIRA

I lived for some years in Itabira.
The main thing is: I was born in Itabira.
That's why I'm sad, proud, iron to the core.
Ninety percent iron sidewalks.
Eighty percent iron souls.
And estrangement from all that's porous and communicates in life.

The longing to love, which cripples my work,
comes from Itabira, from its white nights, without women or horizons.
And suffering, one of my favorite pastimes,
is a sweet inheritance from Itabira.

I brought some presents from Itabira that I'd like you to have:
this iron stone, future steel of Brazil;
this Saint Benedict of Alfredo Duval, venerable sculptor of saints;
this tapir hide that covers the living room sofa;
this pride, this bowed head . . .

I had gold, I had cattle, I had farms.
Today I'm a civil servant.
Itabira is just a photo on the wall.
But how it aches!

MÃOS DADAS

Não serei o poeta de um mundo caduco.
Também não cantarei o mundo futuro.
Estou preso à vida e olho meus companheiros.
Estão taciturnos mas nutrem grandes esperanças.
Entre eles, considero a enorme realidade.
O presente é tão grande, não nos afastemos.
Não nos afastemos muito, vamos de mãos dadas.

Não serei o cantor de uma mulher, de uma história,
não direi os suspiros ao anoitecer, a paisagem vista da janela,
não distribuirei entorpecentes ou cartas de suicida,
não fugirei para as ilhas nem serei raptado por serafins.
O tempo é a minha matéria, o tempo presente, os homens presentes,
a vida presente.

HAND IN HAND

I won't be the poet of a decrepit world.
Nor will I sing the world of the future.
I'm bound to life, and I look at my companions.
They're taciturn but nourish great hopes.
In their midst, I consider capacious reality.
The present is so large, let's not stray far.
Let's stay together and go hand in hand.

I won't be the singer of some woman, some tale,
I won't evoke the sighs at dusk, the scene outside the window,
I won't distribute drugs or suicide letters,
I won't flee to the islands or be carried off by seraphim.
Time is my matter, present time, present people,
the present life.

OS OMBROS

SUPORTAM O MUNDO

Chega um tempo em que não se diz mais: meu Deus.
Tempo de absoluta depuração.
Tempo em que não se diz mais: meu amor.
Porque o amor resultou inútil.
E os olhos não choram.
E as mãos tecem apenas o rude trabalho.
E o coração está seco.

Em vão mulheres batem à porta, não abrirás.
Ficaste sozinho, a luz apagou-se,
mas na sombra teus olhos resplandecem enormes.
És todo certeza, já não sabes sofrer.
E nada esperas de teus amigos.

Pouco importa venha a velhice, que é a velhice?
Teus ombros suportam o mundo
e ele não pesa mais que a mão de uma criança.
As guerras, as fomes, as discussões dentro dos edifícios
provam apenas que a vida prossegue
e nem todos se libertaram ainda.
Alguns, achando bárbaro o espetáculo,
prefeririam (os delicados) morrer.
Chegou um tempo em que não adianta morrer.
Chegou um tempo em que a vida é uma ordem.
A vida apenas, sem mistificação.

YOU CARRY THE WORLD

ON YOUR SHOULDERS

A time comes when you stop saying: my God.
A time of absolute purification.
A time when you stop saying: my love.
Because love proved to be useless.
And your eyes don't cry.
And your hands weave only rough work.
And your heart has withered.

Women knock on your door in vain, you won't open.
You're all alone, the light is out,
but in the darkness your eyes shine enormous.
You're certainty itself, you can no longer suffer.
And you expect nothing from your friends.

So what if you're getting old? What's old age?
You carry the world on your shoulders,
and it weighs no more than a child's hand.
Wars, famines, squabbles inside buildings
prove only that life goes on
and many people have yet to free themselves.
Some (the squeamish) find the spectacle
barbaric and would prefer to die.
A time has come when dying serves no purpose.
A time has come when life is an order.
Life, just life, without mystification.

CONGRESSO INTERNACIONAL

DO MEDO

Provisoriamente não cantaremos o amor,
que se refugiou mais abaixo dos subterrâneos.
Cantaremos o medo, que esteriliza os abraços,
não cantaremos o ódio porque esse não existe,
existe apenas o medo, nosso pai e nosso companheiro,
o medo grande dos sertões, dos mares, dos desertos,
o medo dos soldados, o medo das mães, o medo das igrejas,
cantaremos o medo dos ditadores, o medo dos democratas,
cantaremos o medo da morte e o medo de depois da morte,
depois morreremos de medo
e sobre nossos túmulos nascerão flores amarelas e medrosas.

INTERNATIONAL SYMPOSIUM

ON FEAR

For the time being we won't sing of love,
which has fled beyond all undergrounds.
We'll sing of fear, which sterilizes all hugs.
We won't sing of hatred, since it doesn't exist,
only fear exists, our father and our companion,
the dread fear of hinterlands, oceans, deserts,
the fear of soldiers, fear of mothers, fear of churches,
we'll sing of the fear of dictators, of democrats,
we'll sing of the fear of death and what's after death,
then we'll die of fear,
and fearful yellow flowers will sprout on our tombs.

ELEGIA 1938

Trabalhas sem alegria para um mundo caduco,
onde as formas e as ações não encerram nenhum exemplo.
Praticas laboriosamente os gestos universais,
sentes calor e frio, falta de dinheiro, fome e desejo sexual.

Heróis enchem os parques da cidade em que te arrastas,
e preconizam a virtude, a renúncia, o sangue-frio, a concepção.
À noite, se neblina, abrem guarda-chuvas de bronze
ou se recolhem aos volumes de sinistras bibliotecas.

Amas a noite pelo poder de aniquilamento que encerra
e sabes que, dormindo, os problemas te dispensam de morrer.
Mas o terrível despertar prova a existência da Grande Máquina
e te repõe, pequenino, em face de indecifráveis palmeiras.

Caminhas entre mortos e com eles conversas
sobre coisas do tempo futuro e negócios do espírito.
A literatura estragou tuas melhores horas de amor.
Ao telefone perdeste muito, muitíssimo tempo de semear.

Coração orgulhoso, tens pressa de confessar tua derrota
e adiar para outro século a felicidade coletiva.
Aceitas a chuva, a guerra, o desemprego e a injusta distribuição
porque não podes, sozinho, dinamitar a ilha de Manhattan.

ELEGY 1938

You work without joy for a worn-out world
whose forms and actions set no example.
You laboriously perform the universal motions,
you feel heat and cold, lack of money, hunger, and sexual desire.

Heroes fill the city parks where you drag your feet,
and they preach virtue, renunciation, fortitude, vision.
At night, if it drizzles, they open bronze umbrellas
or retreat to the tomes of sinister libraries.

You love the night for its power to annihilate
and you know, when you sleep, the problems stop requiring you to die.
But you fatally wake up to the Great Machine existing,
and once more you stand, minuscule, next to inscrutable palms.

You walk among dead people and with them you talk
about things of the future and matters of the spirit.
Literature has ruined your best hours of love.
You've wasted time for sowing, too much time, on the phone.

Proudhearted, you're in a hurry to confess your defeat
and postpone collective happiness for another century.
You accept the rain, the war, unemployment, and unfair distribution
because you can't, by yourself, blow up the island of Manhattan.

JOSÉ

JOSÉ

(1942)

A BRUXA

Nesta cidade do Rio,
de dois milhões de habitantes,
estou sozinho no quarto,
estou sozinho na América.

Estarei mesmo sozinho?
Ainda há pouco um ruído
anunciou vida a meu lado.
Certo não é vida humana,
mas é vida. E sinto a bruxa
presa na zona de luz.

De dois milhões de habitantes!
E nem precisava tanto . . .
Precisava de um amigo,
desses calados, distantes,
que leem verso de Horácio
mas secretamente influem
na vida, no amor, na carne.
Estou só, não tenho amigo,
e a essa hora tardia
como procurar amigo?

E nem precisava tanto.
Precisava de mulher
que entrasse neste minuto,
recebesse este carinho,

THE MOTH

In this city of Rio,
home to two million people,
I'm alone in my room,
I'm alone in America.

Am I really alone?
Just now a sound
announced life at my side.
Not human life, true,
but it's life. And I feel the moth
caught in the zone of light.

Two million people!
And I wouldn't need that much . . .
I'd just need a friend,
one of those quiet, distant
friends who read Horace
but secretly influence
our life, our loves, our flesh.
I'm alone, without a friend,
and at this late hour
how can I find one?

And I wouldn't need that much.
I'd just need a woman
to be here, this minute,
to accept this affection

salvasse do aniquilamento
um minuto e um carinho loucos
que tenho para oferecer.

Em dois milhões de habitantes,
quantas mulheres prováveis
interrogam-se no espelho
medindo o tempo perdido
até que venha a manhã
trazer leite, jornal e calma.
Porém a essa hora vazia
como descobrir mulher?

Esta cidade do Rio!
Tenho tanta palavra meiga,
conheço vozes de bichos,
sei os beijos mais violentos,
viajei, briguei, aprendi.
Estou cercado de olhos,
de mãos, afetos, procuras.
Mas se tento comunicar-me,
o que há é apenas a noite
e uma espantosa solidão.

Companheiros, escutai-me!
Essa presença agitada
querendo romper a noite
não é simplesmente a bruxa.
É antes a confidência
exalando-se de um homem.

and save from annihilation
the mad minute of mad affection
I have to offer.

Among two million people,
how many women
must be staring in the mirror
counting up the lost years
until morning arrives
with milk, the paper, some calm.
But how can I find a woman
at this desolate hour?

This city of Rio!
I'm full of tender words,
I know animal sounds,
I know the wildest kisses,
I've traveled, fought, and learned.
I'm surrounded by eyes,
by hands, affections, yearnings.
But if I try to reach out,
there's nothing but night
and a frightful solitude.

Companions, hear me!
That agitated presence
trying to break through the night
isn't just the moth.
It's the softly panting
secret of a man.

O BOI

Ó solidão do boi no campo,
ó solidão do homem na rua!
Entre carros, trens, telefones,
entre gritos, o ermo profundo.

Ó solidão do boi no campo,
ó milhões sofrendo sem praga!
Se há noite ou sol, é indiferente,
a escuridão rompe com o dia.

Ó solidão do boi no campo,
homens torcendo-se calados!
A cidade é inexplicável
e as casas não têm sentido algum.

Ó solidão do boi no campo!
O navio-fantasma passa
em silêncio na rua cheia.
Se uma tempestade de amor caísse!
As mãos unidas, a vida salva . . .
Mas o tempo é firme. O boi é só.
No campo imenso a torre de petróleo.

THE OX

O solitude of the ox in the field,
O solitude of the man in the street!
Amid cars, trains, telephones
and shouts, a wilderness . . .

O solitude of the ox in the field,
O millions suffering without any scourge!
Night or sunlight, it's all the same:
darkness begins with the dawn.

O solitude of the ox in the field,
people writhing without a sound!
The city defies all explanation,
and the houses have no meaning.

O solitude of the ox in the field!
The ghost ship sails in silence
down the crowded street.
If only a storm of love would strike!
Hands joined together, life saved . . .
But the weather is still. The ox is alone.
In the sprawling field a towering oil rig.

TRISTEZA NO CÉU

No céu também há uma hora melancólica.
Hora difícil, em que a dúvida penetra as almas.
Por que fiz o mundo? Deus se pergunta
e se responde: Não sei.

Os anjos olham-no com reprovação,
e plumas caem.

Todas as hipóteses: a graça, a eternidade, o amor
caem, são plumas.

Outra pluma, o céu se desfaz.
Tão manso, nenhum fragor denuncia
o momento entre tudo e nada,
ou seja, a tristeza de Deus.

SADNESS IN HEAVEN

There's also a melancholy hour in heaven.
A difficult hour, when souls are seized by doubt.
"Why did I make the world?" God asks himself,
and answers: "I don't know."

The angels glare at him,
and feathers fall.

All the hypotheses—grace, eternity, love—
are feathers and fall.

One more feather, and heaven will collapse.
Softly, with no bang to announce
the moment between everything and nothing,
the sadness of God . . .

VIAGEM NA FAMÍLIA

No deserto de Itabira
a sombra de meu pai
tomou-me pela mão.
Tanto tempo perdido.
Porém nada dizia.
Não era dia nem noite.
Suspiro? Voo de pássaro?
Porém nada dizia.

Longamente caminhamos.
Aqui havia uma casa.
A montanha era maior.
Tantos mortos amontoados,
o tempo roendo os mortos.
E nas casas em ruína
desprezo frio, umidade.
Porém nada dizia.

A rua que atravessava
a cavalo, de galope.
Seu relógio. Sua roupa.
Seus papéis de circunstância.
Suas histórias de amor.
Há um abrir de baús
e de lembranças violentas.
Porém nada dizia.

JOURNEY THROUGH THE FAMILY

In the desert of Itabira
the shadow of my father
took me by the hand.
So much lost time.
But he didn't say anything.
It wasn't day or night.
A sigh? A bird in flight?
But he didn't say anything.

We walked for a long time.
Here there was a house.
The mountain was taller back then.
All the people who've died,
time gnawing the dead.
Cold damp and disdain
in the ruined houses.
But he didn't say anything.

The street he used to ride down
on horseback, at a gallop.
His watch. His clothes.
His miscellaneous papers.
His love affairs.
Violent memories
spilling out of old trunks.
But he didn't say anything.

No deserto de Itabira
as coisas voltam a existir,
irrespiráveis e súbitas.
O mercado de desejos
expõe seus tristes tesouros;
meu anseio de fugir;
mulheres nuas; remorso.
Porém nada dizia.

Pisando livros e cartas,
viajamos na família.
Casamentos; hipotecas;
os primos tuberculosos;
a tia louca; minha avó
traída com as escravas,
rangendo sedas na alcova.
Porém nada dizia.

Que cruel, obscuro instinto
movia sua mão pálida
sutilmente nos empurrando
pelo tempo e pelos lugares
defendidos?

Olhei-o nos olhos brancos.
Gritei-lhe: Fala! Minha voz
vibrou no ar um momento,
bateu nas pedras. A sombra
prosseguia devagar

In the desert of Itabira
dead things resurrect,
unexpected and unbreathable.
The market of desires
displays its sad treasures,
my yearning to get away,
naked women, regret.
But he didn't say anything.

Trampling on books and letters,
we journey through the family.
Weddings, mortgages,
the cousins with TB,
the crazy aunt, my grandmother
gnawing on silks in her room
when cheated on with the slave girls.
But he didn't say anything.

What cruel, obscure instinct
moved his pale hand
quietly pushing us
through time and forbidden
places?

I looked into his white eyes.
"Speak!" I shouted. My voice
shook for a moment in the air,
then fell onto the stones.
The shadow slowly continued

aquela viagem patética
através do reino perdido.
Porém nada dizia.

Vi mágoa, incompreensão
e mais de uma velha revolta
a dividir-nos no escuro.
A mão que eu não quis beijar,
o prato que me negaram,
recusa em pedir perdão.
Orgulho. Terror noturno.
Porém nada dizia.

Fala fala fala fala.
Puxava pelo casaco
que se desfazia em barro.
Pelas mãos, pelas botinas
prendia a sombra severa
e a sombra se desprendia
sem fuga nem reação.
Porém ficava calada.

E eram distintos silêncios
que se entranhavam no seu.
Era meu avô já surdo
querendo escutar as aves
pintadas no céu da igreja;
a minha falta de amigos;
a sua falta de beijos;

that rueful journey
through the lost kingdom.
But he didn't say anything.

I saw sorrow, misunderstanding,
and more than one old resentment
dividing us in the darkness.
The hand I wouldn't kiss,
the food I wasn't given,
refusal to ask forgiveness.
Pride. Terror in the night.
But he didn't say anything.

Speak speak speak speak.
I pulled him by his coat,
which crumbled into powder.
I grabbed that stern shadow
by the hands, by his boots,
and the shadow slid free
without fleeing or reacting.
But he wouldn't speak.

And there were various silences
couched in his silence.
There was my deaf grandfather
trying to hear the birds
painted on the church's ceiling,
my lack of friends,
his lack of kisses,

eram nossas difíceis vidas
e uma grande separação
na pequena área do quarto.

A pequena área da vida
me aperta contra o seu vulto,
e nesse abraço diáfano
é como se eu me queimasse
todo, de pungente amor.
Só hoje nos conhecermos!
Óculos, memórias, retratos
fluem no rio do sangue.
As águas já não permitem
distinguir seu rosto longe,
para lá de setenta anos . . .

Senti que me perdoava
porém nada dizia.

As águas cobrem o bigode,
a família, Itabira, tudo.

our difficult lives,
and a huge separation
in the small area of the room.

The small area of life
presses me against his figure,
and in that ghostly embrace
it's as if all of me burned
with poignant love.
Today, at last, we meet!
Eyeglasses, memories, photos
flow in the river of blood.
The waters no longer permit me
to make out his face in the distance,
on the other side of seventy . . .

I felt that he forgave me,
but he didn't say anything.

The waters cover his mustache,
the family, Itabira, everything.

A ROSA DO POVO

ROSE OF THE PEOPLE

(1945)

A FLOR E A NÁUSEA

Preso à minha classe e a algumas roupas,
vou de branco pela rua cinzenta.
Melancolias, mercadorias espreitam-me.
Devo seguir até o enjoo?
Posso, sem armas, revoltar-me?

Olhos sujos no relógio da torre:
Não, o tempo não chegou de completa justiça.
O tempo é ainda de fezes, maus poemas, alucinações e espera.
O tempo pobre, o poeta pobre
fundem-se no mesmo impasse.

Em vão me tento explicar, os muros são surdos.
Sob a pele das palavras há cifras e códigos.
O sol consola os doentes e não os renova.
As coisas. Que tristes são as coisas, consideradas sem ênfase.

Vomitar esse tédio sobre a cidade.
Quarenta anos e nenhum problema
resolvido, sequer colocado.
Nenhuma carta escrita nem recebida.
Todos os homens voltam para casa.
Estão menos livres mas levam jornais
e soletram o mundo, sabendo que o perdem.

Crimes da terra, como perdoá-los?
Tomei parte em muitos, outros escondi.

NAUSEA AND THE FLOWER

Bound by my class and some clothes,
I walk down the gray street dressed in white.
Dejections and goods for sale observe me.
Should I keep on until I'm nauseous?
Can I, without weapons, rebel?

Grimy eyes in the clock tower:
No, the time of full justice has not arrived.
It's still a time of feces, bad poems, hallucinations, and waiting.
The hapless time and the hapless poet
merge in the same impasse.

In vain I try to explain myself: the walls are deaf.
Beneath the skin of words: ciphers and codes.
The sun cheers the sick and doesn't renew them.
Things. Considered without emphasis, how sad things are.

And if I vomited this tedium over the city?
Forty years and not one problem
solved, nor even formulated.
Not one letter written or received.
The people are all going home.
They're less free but carry newspapers
and spell out the world, knowing they've lost it.

How can I forgive the world's crimes?
I took part in many. Others I concealed.

Alguns achei belos, foram publicados.
Crimes suaves, que ajudam a viver.
Ração diária de erro, distribuída em casa.
Os ferozes padeiros do mal.
Os ferozes leiteiros do mal.

Pôr fogo em tudo, inclusive em mim.
Ao menino de 1918 chamavam anarquista.
Porém meu ódio é o melhor de mim.
Com ele me salvo
e dou a poucos uma esperança mínima.

Uma flor nasceu na rua!
Passem de longe, bondes, ônibus, rio de aço do tráfego.
Uma flor ainda desbotada
ilude a polícia, rompe o asfalto.
Façam completo silêncio, paralisem os negócios,
garanto que uma flor nasceu.

Sua cor não se percebe.
Suas pétalas não se abrem.
Seu nome não está nos livros.
É feia. Mas é realmente uma flor.

Sento-me no chão da capital do país às cinco horas da tarde
e lentamente passo a mão nessa forma insegura.
Do lado das montanhas, nuvens maciças avolumam-se.
Pequenos pontos brancos movem-se no mar, galinhas em pânico.

É feia. Mas é uma flor. Furou o asfalto, o tédio, o nojo e o ódio.

Some I found beautiful, and they were published.
Soothing crimes, which make life more bearable.
A daily ration of error, delivered at our door.
By ruthless milkmen of evil.
By ruthless bread boys of evil.

And if I set everything on fire, myself included?
They called the adolescent of 1918 an anarchist,
but my hatred is the best part of me.
Without it I'd be lost,
and with it I can give a few people a slight hope.

A flower has sprouted in the street!
Buses, streetcars, steel stream of traffic: steer clear!
A flower, still pale, has fooled
the police, it's breaking through the asphalt.
Let's have complete silence, halt all business in the shops,
I swear that a flower has been born.

Its color is uncertain.
It's not showing its petals.
Its name isn't in the books.
It's ugly. But it really is a flower.

I sit down on the ground of the nation's capital at five in the afternoon
and fondle with my fingers this precarious form.
Inland, over the mountains, thick clouds are gathering.
In the sea tiny white dots, panicked chickens, are moving.

It's ugly. But it's a flower. It broke the asphalt, tedium, disgust, and hatred.

MORTE DO LEITEIRO

Há pouco leite no país,
é preciso entregá-lo cedo.
Há muita sede no país,
é preciso entregá-lo cedo.
Há no país uma legenda,
que ladrão se mata com tiro.

Então o moço que é leiteiro
de madrugada com sua lata
sai correndo e distribuindo
leite bom para gente ruim.
Sua lata, suas garrafas
e seus sapatos de borracha
vão dizendo aos homens no sono
que alguém acordou cedinho
e veio do último subúrbio
trazer o leite mais frio
e mais alvo da melhor vaca
para todos criarem força
na luta brava da cidade.

Na mão a garrafa branca
não tem tempo de dizer
as coisas que lhe atribuo
nem o moço leiteiro ignaro,
morador na Rua Namur,

DEATH OF THE MILKMAN

The country's short on milk,
it needs to be delivered early.
The country's full of thirsty people,
it needs to be delivered early.
There's a saying in this country
that the only good thief is a dead one.

And so before the break of day
the young man who's the milkman
makes haste with his milk can
to take good milk to bad people.
His milk can, his bottles,
and rubber shoes announce
to sleeping men and women
that someone woke up early
and came from the outskirts
to bring the coldest and whitest
milk from the best cow
so everyone will be fortified
for the hard struggle of city life.

The white bottle in his hand
doesn't have the time to say
all that I ascribe to it,
and the unschooled milkman,
who's an employee of the dairy,

empregado no entreposto,
com 21 anos de idade,
sabe lá o que seja impulso
de humana compreensão.
E já que tem pressa, o corpo
vai deixando à beira das casas
uma apenas mercadoria.

E como a porta dos fundos
também escondesse gente
que aspira ao pouco de leite
disponível em nosso tempo,
avancemos por esse beco,
peguemos o corredor,
depositemos o litro . . .
Sem fazer barulho, é claro,
que barulho nada resolve.

Meu leiteiro tão sutil
de passo maneiro e leve,
antes desliza que marcha.
É certo que algum rumor
sempre se faz: passo errado,
vaso de flor no caminho,
cão latindo por princípio,
ou um gato quizilento.
E há sempre um senhor que acorda,
resmunga e torna a dormir.

a resident of the Rua Namur
and 21 years old,
has no idea what an impulse
of human empathy might be.
And since he's in a hurry, his body
leaves only the merchandise
on the doorstep of each building.

Given that the back door
might also conceal people
who aspire to the little milk
available in our time,
let's walk down that alley,
enter the hallway,
and set down the bottle . . .
Without making any noise, of course,
since making noise solves nothing.

My milkman so nimble,
graceful, and light-footed
doesn't walk, he glides.
But he always causes some
slight noise: a wrong step,
a flowerpot in the way,
a dog barking on principle,
or a contentious cat.
And someone always wakes up,
grumbles, and goes back to sleep.

Mas este acordou em pânico
(ladrões infestam o bairro),
não quis saber de mais nada.
O revólver da gaveta
saltou para sua mão.

Ladrão? se pega com tiro.
Os tiros na madrugada
liquidaram meu leiteiro.
Se era noivo, se era virgem,
se era alegre, se era bom,
não sei,
é tarde para saber.

Mas o homem perdeu o sono
de todo, e foge pra rua.
Meu Deus, matei um inocente.
Bala que mata gatuno
também serve pra furtar
a vida de nosso irmão.
Quem quiser que chame médico,
polícia não bota a mão
neste filho de meu pai.
Está salva a propriedade.
A noite geral prossegue,
a manhã custa a chegar,
mas o leiteiro
estatelado, ao relento,
perdeu a pressa que tinha.

But this someone woke up panicked
(thieves infest the neighborhood)
and wasn't going to waste time.
The gun in the drawer
jumped into his hand.

A thief? This gun's for him.
The shots in the night
liquidated my milkman.
If he was happy, if he was good,
if engaged, if a virgin,
I don't know.
It's too late to know.

But the one who shot him
lost all his sleep and ran outside.
My God, I killed an innocent man.
A bullet for killing burglars
can also rob the life
of our brother. Whoever
wants to can call a doctor,
the police aren't laying a finger
on this son of my father.
No harm has come to the property.
The general night continues,
morning is slow to arrive,
but the milkman
lying there in the open air
has lost his former hurry.

Da garrafa estilhaçada,
no ladrilho já sereno
escorre uma coisa espessa
que é leite, sangue . . . não sei.
Por entre objetos confusos,
mal redimidos da noite,
duas cores se procuram,
suavemente se tocam,
amorosamente se enlaçam,
formando um terceiro tom
a que chamamos aurora.

Something thick is trickling
from the shattered bottle
on the now quiet pavement.
Milk, or blood . . . I don't know.
Among the hazy shapes
barely liberated from night,
two colors grope for each other
and softly touch
and lovingly embrace,
creating a third shade
that we call dawn.

PROCURA DA POESIA

Não faças versos sobre acontecimentos.
Não há criação nem morte perante a poesia.
Diante dela, a vida é um sol estático,
não aquece nem ilumina.
As afinidades, os aniversários, os incidentes pessoais não contam.
Não faças poesia com o corpo,
esse excelente, completo e confortável corpo, tão infenso à efusão lírica.
Tua gota de bile, tua careta de gozo ou de dor no escuro
são indiferentes.
Nem me reveles teus sentimentos,
que se prevalecem do equívoco e tentam a longa viagem.
O que pensas e sentes, isso ainda não é poesia.

Não cantes tua cidade, deixa-a em paz.
O canto não é o movimento das máquinas nem o segredo das casas.
Não é música ouvida de passagem; rumor do mar nas ruas junto à linha
    de espuma.
O canto não é a natureza
nem os homens em sociedade.
Para ele, chuva e noite, fadiga e esperança nada significam.
A poesia (não tires poesia das coisas)
elide sujeito e objeto.

Não dramatizes, não invoques,
não indagues. Não percas tempo em mentir.

Don't write poems about what happened.
Birth and death don't exist for poetry.
Life, next to it, is a static sun
giving off no warmth or light.
Affinities, birthdays, and personal incidents don't count.
Don't write poetry with the body,
the noble, complete, and comfortable body, inimical to lyrical effusions.
Your drop of bile, your joyful grin, your frown of pain in the dark
are irrelevant.
Don't tell me your feelings,
which exploit ambiguity and take the long way around.
What you think and feel is not yet poetry.

Don't sing about your city, leave it in peace.
Poetry's song is not the clacking of machines or the secrets of houses.
It's not music heard in passing, not the rumble of ocean on streets
    near the breaking foam.
Its song is not nature
or humans in society.
Rain and night, fatigue and hope, mean nothing to it.
Poetry (don't extract poetry from things)
elides subject and object.

Don't dramatize, don't invoke,
don't inquire. Don't waste time lying.

Não te aborreças.
Teu iate de marfim, teu sapato de diamante,
vossas mazurcas e abusões, vossos esqueletos de família
desaparecem na curva do tempo, é algo imprestável.

Não recomponhas
tua sepultada e merencória infância.
Não osciles entre o espelho e a
memória em dissipação.
Que se dissipou, não era poesia.
Que se partiu, cristal não era.

Penetra surdamente no reino das palavras.
Lá estão os poemas que esperam ser escritos.
Estão paralisados, mas não há desespero,
há calma e frescura na superfície intata.
Ei-los sós e mudos, em estado de dicionário.
Convive com teus poemas, antes de escrevê-los.
Tem paciência, se obscuros. Calma, se te provocam.
Espera que cada um se realize e consume
com seu poder de palavra
e seu poder de silêncio.
Não forces o poema a desprender-se do limbo.
Não colhas no chão o poema que se perdeu.
Não adules o poema. Aceita-o
como ele aceitará sua forma definitiva e concentrada
no espaço.

Chega mais perto e contempla as palavras.
Cada uma

Don't get cross.
Your ivory yacht, your diamond shoe,
your mazurkas and superstitions, your family skeletons
all vanish in the curve of time, they're worthless.

Don't reconstruct
your gloomy, long-buried childhood.
Don't shift back and forth between
the mirror and your fading memory.
What faded wasn't poetry.
What shattered wasn't crystal.

Soundlessly enter the kingdom of words.
The poems are there, waiting to be written.
Though paralyzed, they don't despair,
their virgin surfaces are cool and calm.
Look at them: tongue-tied, alone, in the dictionary state.
Spend time with your poems before you write them.
Be patient, if they're obscure. Calm, if they provoke you.
Wait for each one to take shape and reach perfection
with its power of language
and its power of silence.
Don't force the poem to break out of limbo.
Don't pick up the poem that fell to the ground.
Don't fawn on the poem. Accept it
as it will accept its definitive, concentrated form
in space.

Move closer and consider the words.
Each one

tem mil faces secretas sob a face neutra
e te pergunta, sem interesse pela resposta,
pobre ou terrível, que lhe deres:
Trouxeste a chave?

Repara:
ermas de melodia e conceito,
elas se refugiaram na noite, as palavras.
Ainda úmidas e impregnadas de sono,
rolam num rio difícil e se transformam em desprezo.

hides a thousand faces under its poker face

and asks you, without caring how poor or formidable

your answer might be:

Did you bring the key?

Attention:

destitute of melody and concept,

words have taken refuge in the night.

Still damp and heavy with sleep,

they roll in a rough river and transform into disdain.

O ELEFANTE

Fabrico um elefante
de meus poucos recursos.
Um tanto de madeira
tirado a velhos móveis
talvez lhe dê apoio.
E o encho de algodão,
de paina, de doçura.
A cola vai fixar
suas orelhas pensas.
A tromba se enovela,
é a parte mais feliz
de sua arquitetura.
Mas há também as presas,
dessa matéria pura
que não sei figurar.
Tão alva essa riqueza
a espojar-se nos circos
sem perda ou corrupção.
E há por fim os olhos,
onde se deposita
a parte do elefante
mais fluida e permanente,
alheia a toda fraude.

Eis meu pobre elefante
pronto para sair

THE ELEPHANT

With my scant resources
I make an elephant.
I count on some wood
from old furniture
to prop him up.
And I fill him with cotton,
silk floss, softness.
Glue will secure
his droopy ears.
His curling trunk
is the finest part
of his architecture.
But he also has tusks
of that pure white matter
I can't imitate.
A wealth of whiteness
dragged through circuses
without loss or corruption.
And finally there are the eyes,
containing the most
fluid and permanent
part of the elephant,
free of all guile.

So here's my poor elephant,
ready to go out and look

à procura de amigos
num mundo enfastiado
que já não crê nos bichos
e duvida das coisas.
Ei-lo, massa imponente
e frágil, que se abana
e move lentamente
a pele costurada
onde há flores de pano
e nuvens, alusões
a um mundo mais poético
onde o amor reagrupa
as formas naturais.

Vai o meu elefante
pela rua povoada,
mas não o querem ver
nem mesmo para rir
da cauda que ameaça
deixá-lo ir sozinho.
É todo graça, embora
as pernas não ajudem
e seu ventre balofo
se arrisque a desabar
ao mais leve empurrão.
Mostra com elegância
sua mínima vida,
e não há na cidade
alma que se disponha
a recolher em si

for friends in a jaded
world that doesn't believe
anymore in animals
and doubts all things.
An imposing and fragile
mass, he sways
while slowly moving
his sewn skin, trimmed
with cloth flowers
and clouds, allusions
to a more poetic world
where love reassembles
the forms of nature.

There goes my elephant
down a crowded street,
but no one will look
at him, not even to laugh
at his tail that threatens
to stay behind.
He's all poise and grace,
though his legs don't help,
and his bloated belly
risks coming undone
at the slightest shove.
With elegance he displays
his minimal life,
and not a soul in town
is willing to take in

desse corpo sensível
a fugitiva imagem,
o passo desastrado
mas faminto e tocante.

Mas faminto de seres
e situações patéticas,
de encontros ao luar
no mais profundo oceano,
sob a raiz das árvores
ou no seio das conchas,
de luzes que não cegam
e brilham através
dos troncos mais espessos.
Esse passo que vai
sem esmagar as plantas
no campo de batalha,
à procura de sítios,
segredos, episódios
não contados em livro,
de que apenas o vento,
as folhas, a formiga
reconhecem o talhe,
mas que os homens ignoram,
pois só ousam mostrar-se
sob a paz das cortinas
à pálpebra cerrada.

the elusive image
of that sensitive body,
its clumsy way of walking,
poignant with yearning.

A yearning for emotion
in people and situations,
for moonlit encounters
in the deepest ocean,
under the roots of trees
or in the hearts of shells,
for lights that don't blind
but shine through
the thickest trunks.
A way of walking
on the battlefield
without crushing plants,
searching for places,
secrets, and episodes
not told in books
but whose existence
the wind, the leaves,
and the ant recognize,
while people are oblivious,
since only behind the peace
of curtains, to closed eyelids,
do they dare show themselves.

E já tarde da noite
volta meu elefante,
mas volta fatigado,
as patas vacilantes
se desmancham no pó.
Ele não encontrou
o de que carecia,
o de que carecemos,
eu e meu elefante,
em que amo disfarçar-me.
Exausto de pesquisa,
caiu-lhe o vasto engenho
como simples papel.
A cola se dissolve
e todo seu conteúdo
de perdão, de carícia,
de pluma, de algodão,
jorra sobre o tapete,
qual mito desmontado.
Amanhã recomeço.

And late in the evening
my elephant comes home,
but he comes home tired,
his paws staggering,
crumbling in the dust.
He didn't find
what he needed,
what we both need,
me and my elephant,
my dearest disguise.
Weary of research,
he sheds like mere paper
the vast contrivance.
The glue comes unstuck
and his entire contents
of forgiveness and caresses,
of cotton and feathers,
spill out onto the rug
like a dismantled myth.
Tomorrow I'll start again.

IDADE MADURA

As lições da infância
desaprendidas na idade madura.
Já não quero palavras
nem delas careço.
Tenho todos os elementos
ao alcance do braço.
Todas as frutas
e consentimentos.
Nenhum desejo débil.
Nem mesmo sinto falta
do que me completa e é quase sempre melancólico.

Estou solto no mundo largo.
Lúcido cavalo
com substância de anjo
circula através de mim.
Sou varado pela noite, atravesso os lagos frios,
absorvo epopeia e carne,
bebo tudo,
desfaço tudo,
torno a criar, a esquecer-me:
durmo agora, recomeço ontem.

De longe vieram chamar-me.
Havia fogo na mata.
Nada pude fazer,

Middle age unlearns
the lessons of childhood.
I no longer want words,
or need them.
I have all the elements
within my grasp.
All fruits,
all approvals.
Not one faint desire.
I don't even miss
what would complete me and is nearly always melancholy.

I'm at liberty in the world at large.
A thinking horse
made of angel matter
races through my being.
I'm dazed by the night, I cross cold lakes,
I devour adventure and flesh,
I drink everything,
destroy everything,
create all over, forgetting myself:
now I sleep, and start again yesterday.

They came to me running and calling.
The woods were on fire.
I could do nothing to help,

nem tinha vontade.
Toda a água que possuía
irrigava jardins particulares
de atletas retirados, freiras surdas, funcionários demitidos.
Nisso vieram os pássaros,
rubros, sufocados, sem canto,
e pousaram a esmo.
Todos se transformaram em pedra.
Já não sinto piedade.

Antes de mim outros poetas,
depois de mim outros e outros
estão cantando a morte e a prisão.
Moças fatigadas se entregam, soldados se matam
no centro da cidade vencida.
Resisto e penso
numa terra enfim despojada de plantas inúteis,
num país extraordinário, nu e terno,
qualquer coisa de melodioso,
não obstante mudo,
além dos desertos onde passam tropas, dos morros
onde alguém colocou bandeiras com enigmas,
e resolvo embriagar-me.

Já não dirão que estou resignado
e perdi os melhores dias.
Dentro de mim, bem no fundo,
há reservas colossais de tempo,
futuro, pós-futuro, pretérito,

nor did I want to.

Whatever water I had

was for watering private gardens

of retired athletes, deaf nuns, and ousted civil servants.

Birds started arriving,

bright red, gasping, songless.

They perched here and there

before turning into stone.

I've stopped feeling sorry.

Poets before me

and still more poets after me

sing of death and prison.

Girls struggle and give in while soldiers commit suicide

in the heart of the conquered city.

I hold out, imagining

a land finally stripped of useless plants,

an extraordinary country, naked and tender

and somehow melodious,

albeit soundless,

beyond the deserts where troops march, past the hills

where someone raised flags emblazoned with riddles,

and I decide to get drunk.

No one will ever again say I'm resigned,

with my best days behind me.

Deep within me lie

huge reservoirs of time,

future, postfuture, and past,

há domingos, regatas, procissões,
há mitos proletários, condutos subterrâneos,
janelas em febre, massas de água salgada, meditação e sarcasmo.

Ninguém me fará calar, gritarei sempre
que se abafe um prazer, apontarei os desanimados,
negociarei em voz baixa com os conspiradores,
transmitirei recados que não se ousa dar nem receber,
serei, no circo, o palhaço,
serei médico, faca de pão, remédio, toalha,
serei bonde, barco, loja de calçados, igreja, enxovia,
serei as coisas mais ordinárias e humanas, e também as excepcionais:
tudo depende da hora
e de certa inclinação feérica,
viva em mim qual um inseto.

Idade madura em olhos, receitas e pés, ela me invade
com sua maré de ciências afinal superadas.
Posso desprezar ou querer os institutos, as lendas,
descobri na pele certos sinais que aos vinte anos não via.
Eles dizem o caminho,
embora também se acovardem
em face a tanta claridade roubada ao tempo.
Mas eu sigo, cada vez menos solitário,
em ruas extremamente dispersas,
transito no canto do homem ou da máquina que roda,
aborreço-me de tanta riqueza, jogo-a toda por um número de casa,
e ganho.

Sundays, regattas, processions,

proletarian myths, underground channels,

feverish windows, deposits of saltwater, reflection, sarcasm.

No one will silence me, I'll shout whenever

joy is stifled, I'll defend the disheartened,

I'll confer with conspirators in a whisper,

I'll deliver messages no one dares send or receive,

I'll be the clown in the circus,

I'll be a doctor, a bread knife, medicine, a towel,

I'll be a streetcar, a boat, a shoe store, church, dungeon,

I'll be the most ordinary human things, and the most exceptional:

it all depends on the moment

and on a certain bent for the fantastical,

quivering in me like an insect.

In my eyes, prescriptions, and feet, middle age invades me

with its torrent of already outdated sciences.

I can spurn or embrace this institute, that legend.

I've discovered moles on my skin I never noticed at age twenty.

They're signs showing the way,

although they also shrink

before so much clarity stolen from time.

But I keep going, less and less solitary,

on vastly diverging streets.

I travel in the song of man, in the whirl of machines,

get bored with so much wealth, bet it all on a house number,

and win.

VERSOS À BOCA DA NOITE

Sinto que o tempo sobre mim abate
sua mão pesada. Rugas, dentes, calva . . .
Uma aceitação maior de tudo,
e o medo de novas descobertas.

Escreverei sonetos de madureza?
Darei aos outros a ilusão de calma?
Serei sempre louco? sempre mentiroso?
Acreditarei em mitos? Zombarei do mundo?

Há muito suspeitei o velho em mim.
Ainda criança, já me atormentava.
Hoje estou só. Nenhum menino salta
de minha vida, para restaurá-la.

Mas se eu pudesse recomeçar o dia!
Usar de novo minha adoração,
meu grito, minha fome . . . Vejo tudo
impossível e nítido, no espaço.

Lá onde não chegou minha ironia,
entre ídolos de rosto carregado,
ficaste, explicação de minha vida,
como os objetos perdidos na rua.

VERSES ON THE BRINK OF EVENING

I feel time's heavy hand weigh down
on me. Wrinkles, bad teeth, baldness . . .
A greater acceptance of everything,
and the fear of new discoveries.

Will I write sonnets that they call "mature"?
Will I convey an illusion of calm?
Will I always be nutty? Always a liar?
Will I mock the world? Believe in myths?

For a long time I've felt the old man in me.
He began to harass me in childhood.
Today I'm alone. No little boy
jumps out of my life to restore it.

But if I could start the day all over!
Dust off my adoration, my shout,
my hunger . . . To me all things look
impossible and clear-cut, in space.

O explanation of my life,
you've remained, among stern idols,
beyond the pale of my irony,
like an object lost on the street.

As experiências se multiplicaram:
viagens, furtos, altas solidões,
o desespero, agora cristal frio,
a melancolia, amada e repelida,

e tanta indecisão entre dois mares,
entre duas mulheres, duas roupas.
Toda essa mão para fazer um gesto
que de tão frágil nunca se modela,

e fica inerte, zona de desejo
selada por arbustos agressivos.
(Um homem se contempla sem amor,
se despe sem qualquer curiosidade.)

Mas vêm o tempo e a ideia de passado
visitar-te na curva de um jardim.
Vem a recordação, e te penetra
dentro de um cinema, subitamente.

E as memórias escorrem do pescoço,
do paletó, da guerra, do arco-íris;
enroscam-se no sono e te perseguem,
à busca de pupila que as reflita.

E depois das memórias vem o tempo
trazer novo sortimento de memórias,
até que, fatigado, te recuses
e não saibas se a vida é ou foi.

My experiences have multiplied:
journeys, thefts, deep solitudes,
despair (today cold crystal),
melancholy (cherished and resisted),

and so much indecision between
two seas, two women, two items of clothing.
This entire hand to trace a gesture
so feeble it never takes shape,

it languishes, a zone of desire
sealed off by hostile shrubs . . .
(A man looks at himself without love,
undresses with no curiosity.)

But time and the idea of the past
surprise you in the curve of a garden.
Remembrance comes, it wells up
without warning in the movie theater.

And the memories stream from your neck,
from your jacket, the war, the rainbow;
they take root in your sleep and hound you,
in search of a lens to reflect them.

And after those memories, time
arrives with a new batch of memories,
until you're so weary you balk
and don't know if life is or was.

Esta casa, que miras de passagem,
estará no Acre? na Argentina? em ti?
que palavra escutaste, aonde, quando?
seria indiferente ou solidária?

Um pedaço de ti rompe a neblina,
voa talvez para a Bahia e deixa
outros pedaços, dissolvidos no atlas,
em País-do-riso e em tua ama preta.

Que confusão de coisas ao crepúsculo!
Que riqueza! sem préstimo, é verdade.
Bom seria captá-las e compô-las
num todo sábio, posto que sensível:

uma ordem, uma luz, uma alegria
baixando sobre o peito despojado.
E já não era o furor dos vinte anos
nem a renúncia às coisas que elegeu,

mas a penetração no lenho dócil,
um mergulho em piscina, sem esforço,
um achado sem dor, uma fusão,
tal uma inteligência do universo

comprada em sal, em rugas e cabelo.

Is this house that grabs your attention
in Acre? In Argentina? In you?
What word did you hear, and where, when?
Was it indifferent or heartfelt?

A piece of you breaks out of the mist,
flying perhaps to Bahia, while other
pieces vanish into the atlas,
the Country of Laughter, and your black nanny.

What a jumble of things at twilight!
What a treasure! Useless, it's true.
Oh, if all those things could be arranged
into a well-reasoned yet sensitive whole:

an order, a light, a happiness
settling on the ravaged breast . . .
Not the passion of the twenty-year-old
nor renunciation of the things he chose,

but penetration into yielding wood,
an effortless plunging into a pool,
a painless discovery, a fusion, something
like an intelligence of the universe

purchased with salt, wrinkles, and hair.

RETRATO DE FAMÍLIA

Este retrato de família
está um tanto empoeirado.
Já não se vê no rosto do pai
quanto dinheiro ele ganhou.

Nas mãos dos tios não se percebem
as viagens que ambos fizeram.
A avó ficou lisa, amarela,
sem memórias da monarquia.

Os meninos, como estão mudados.
O rosto de Pedro é tranquilo,
usou os melhores sonhos.
E João não é mais mentiroso.

O jardim tornou-se fantástico.
As flores são placas cinzentas.
E a areia, sob pés extintos,
é um oceano de névoa.

No semicírculo das cadeiras
nota-se certo movimento.
As crianças trocam de lugar,
mas sem barulho: é um retrato.

FAMILY PORTRAIT

This family portrait is looking
dusty. You can no longer see,
in my father's face, how much
money he managed to make.

The travels of my two uncles
aren't apparent in their hands.
No memory's left of the monarchy
in Grandma, smoothed and yellowed.

The boys, how they've changed.
Pedro's face is peaceful,
reflecting only good dreams.
And João is no longer a liar.

The garden has become surreal.
The flowers are gray disks.
And the sand, under deceased
feet, is a sea of fog.

In the semicircle of chairs
some movement can be noted.
The kids are trading places,
but without a sound: it's a photo.

Vinte anos é um grande tempo.
Modela qualquer imagem.
Se uma figura vai murchando,
outra, sorrindo, se propõe.

Esses estranhos assentados,
meus parentes? Não acredito.
São visitas se divertindo
numa sala que se abre pouco.

Ficaram traços da família
perdidos no jeito dos corpos.
Bastante para sugerir
que um corpo é cheio de surpresas.

A moldura deste retrato
em vão prende suas personagens.
Estão ali voluntariamente,
saberiam—se preciso—voar.

Poderiam sutilizar-se
no claro-escuro do salão,
ir morar no fundo dos móveis
ou no bolso de velhos coletes.

A casa tem muitas gavetas
e papéis, escadas compridas.
Quem sabe a malícia das coisas,
quando a matéria se aborrece?

Twenty years is a long time,
enough to rework any image.
If one figure slowly fades,
another asserts itself, smiling.

Those strangers sitting there
are my relatives? I don't believe it.
They're visitors having fun
in a living room rarely used.

Certain family traits
have survived in their bodily
postures, enough to suggest
that a body is full of surprises.

In vain the frame encases
the people in this portrait.
They are there voluntarily
and could fly away, if necessary.

They could dissipate into
the room's chiaroscuro,
or go live in the nooks of furniture
or in the pockets of old vests.

The house has lots of drawers
and papers, long flights of stairs.
What sort of trick might things,
bored with matter, resort to?

O retrato não me responde,
ele me fita e se contempla
nos meus olhos empoeirados.
E no cristal se multiplicam

os parentes mortos e vivos.
Já não distingo os que se foram
dos que restaram. Percebo apenas
a estranha ideia de família

viajando através da carne.

The portrait doesn't answer.
It stares at me and observes
itself in my dusty eyes.
My dead and living relatives

proliferate in the glass.
I've lost track of who went,
who stays. All I grasp
is the strange idea of family

moving through the flesh.

MOVIMENTO DA ESPADA

Estamos quites, irmão vingador.
Desceu a espada
e cortou o braço.
Cá está ele, molhado em rubro.
Dói o ombro, mas sobre o ombro
tua justiça resplandece.

Já podes sorrir, tua boca
moldar-se em beijo de amor.
Beijo-te, irmão, minha dívida
está paga.
Fizemos as contas, estamos alegres.
Tua lâmina corta, mas é doce,
a carne sente, mas limpa-se.
O sol eterno brilha de novo
e seca a ferida.

Mutilado, mas quanto movimento
em mim procura ordem.
O que perdi se multiplica
e uma pobreza feita de pérolas
salva o tempo, resgata a noite.
Irmão, saber que és irmão,
na carne como nos domingos.

SWIPE OF THE SWORD

We're even, brother, you got your revenge.
Down came the sword
and off came my arm.
Here it is, dripping red.
My shoulder hurts, but upon it
your justice gleams.

Now you can smile, molding your lips
into a loving kiss.
I kiss you, brother,
my debt is paid.
We've settled accounts, we're happy.
Your blade cuts but is sweet,
my flesh aches but will heal.
The eternal sun shines again
and dries the wound.

I'm mutilated, yes, but so much
movement in me seeks order.
What I've lost is multiplied,
and a poverty made of pearls
redeems time, saves the night.
Now I know you're a brother,
in the flesh as well as on Sundays.

Rolaremos juntos pelo mar...
Agasalhado em tua vingança,
puro e imparcial como um cadáver que o ar embalsamasse,
serei carga jogada às ondas,
mas as ondas, também elas, secam,
e o sol brilha sempre.

Sobre minha mesa, sobre minha cova, como brilha o sol!
Obrigado, irmão, pelo sol que me deste,
na aparência roubando-o.
Já não posso classificar os bens preciosos.
Tudo é precioso...
                    e tranquilo
como olhos guardados nas pálpebras.

We'll roll together in the sea . . .
Wrapped in your revenge,
pure and impartial as a corpse embalmed by air,
I'll be cargo tossed to the waves,
but the waves dry up too,
and the sun always shines.

On my table, on my grave, how the sun shines!
Thank you, brother, for the sun you gave me
when it seemed you were taking it away.
I can no longer classify precious things.
Everything is precious . . .
                              and peaceful
like eyes ensconced behind eyelids.

ROLA MUNDO

Vi moças gritando
numa tempestade.
O que elas diziam
o vento largava,
logo devolvia.
Pávido escutava,
não compreendia.
Talvez avisassem:
mocidade é morta.
Mas a chuva, mas o choro,
mas a cascata caindo,
tudo me atormentava
sob a escureza do dia,
e vendo,
eu pobre de mim não via.

Vi moças dançando
num baile de ar.
Vi os corpos brandos
tornarem-se violentos
e o vento os tangia.
Eu corria ao vento,
era só umidade,
era só passagem
e gosto de sal.
A brisa na boca

ROLL, WORLD, ROLL

I saw girls shouting
in a thunderstorm.
What they were saying
the wind blew away,
then back again.
Alarmed, I listened
but understood nothing.
Perhaps they announced
that youth is dead.
But the rain, but the crying,
but the crashing cascade
were a torment to me
beneath the dark sky,
and while seeing it all,
I still couldn't see.

I saw girls dancing
a dance of pure air.
I saw their soft bodies
becoming violent things
strummed by the wind.
I ran in the wind:
there was only wetness,
whooshing, and the taste
of salt.
The wind in my mouth

me entristecia
como poucos idílios
jamais o lograram;
e passando,
por dentro me desfazia.

Vi o sapo saltando
uma altura de morro;
consigo levava
o que mais me valia.
Era algo hediondo
e meigo: veludo,
na mole algidez
parecia roubar
para devolver-me
já tarde e corrupta,
de tão babujada,
uma velha medalha
em que dorme teu eco.

Vi outros enigmas
à feição de flores
abertas no vácuo.
Vi saias errantes
demandando corpos
que em gás se perdiam,
e assim desprovidas
mais esvoaçavam,
tornando-se roxo,

stirred up a sadness
that few of my loves
have ever aroused,
and its gusting
tore me up inside.

I saw a toad jumping
high as a hill,
and it carried away
what most mattered to me.
A meek and velvety,
hideous creature,
it seemed to steal
in its clammy coldness
an old medal of mine
where your echo sleeps,
a medal it would later
give back, but too late,
and corroded by drool.

I saw other riddles
like so many flowers
abloom in the void.
I saw skirts glide by
in search of bodies
disappearing in gas,
and so, without wearers,
they fluttered all the more,
until they turned purple,

azul de longa espera,
negro de mar negro.
Ainda se dispersam.
Em calma, longo tempo,
nenhum tempo, não me lembra.

Vi o coração de moça
esquecido numa jaula.
Excremento de leão,
apenas. E o circo distante.
Vi os tempos defendidos.
Eram de ontem e de sempre,
e em cada país havia
um muro de pedra e espanto,
e nesse muro pousada
uma pomba cega.

Como pois interpretar
o que os heróis não contam?
Como vencer o oceano
se é livre a navegação
mas proibido fazer barcos?
Fazer muros, fazer versos,
cunhar moedas de chuva,
inspecionar os faróis
para evitar que se acendam,
e devolver os cadáveres
ao mar, se acaso protestam,
eu vi; já não quero ver.

blue from much waiting,
black from black seas.
And they kept on drifting.
Calmly, for a long time
or no time—I don't remember.

I saw a girl's heart
forgotten in a cage.
Just lion's dung,
and the circus long gone.
I saw forbidden times,
from yesterday and always,
and each land had its wall
made of stone and dread,
and perched on that wall
was a blind dove.

So how do we interpret
what heroes don't say?
How do we cross oceans
if we're free to sail
but not to build boats?
Walls are erected, poems
written, coins of rain minted,
lighthouses inspected
to make sure they won't flash,
and if corpses protest,
they're returned to the sea.
I've seen it, and seen enough.

E vi minha vida toda
contrair-se num inseto.
Seu complicado instrumento
de voo e de hibernação,
sua cólera zumbidora,
seu frágil bater de élitros,
seu brilho de pôr de tarde
e suas imundas patas . . .
Joguei tudo no bueiro.
Fragmentos de borracha
e
cheiro de rolha queimada:
eis quanto me liga ao mundo.
Outras riquezas ocultas,
adeus, se despedaçaram.

Depois de tantas visões
já não vale concluir
se o melhor é deitar fora
a um tempo os olhos e os óculos.
E se a vontade de ver
também cabe ser extinta,
se as visões, interceptadas,
e tudo mais abolido.
Pois deixa o mundo existir!
Irredutível ao canto,
superior à poesia,
rola, mundo, rola, mundo,
rola o drama, rola o corpo,

I've seen my whole life
compressed into an insect:
its complicated instruments
for flying and hibernating,
its humming anger,
its weak elytrons beating,
its shine like a sunset,
and its filthy feet . . .
I threw everything down the sewer.
Rubber scraps
and
the smell of burnt cork:
that's all that links me to the world.
Other hidden riches
have crumbled, farewell, to nothing.

After so many visions,
it's too late to wonder
if we ought to toss out
our eyes and our glasses.
And if our desire to see
should also be extinguished,
and our visions intercepted,
and all the rest abolished.
Ah, let the world exist!
Irreducible to song,
superior to poetry,
roll, world, roll,
roll this drama, roll the body,

rola o milhão de palavras
na extrema velocidade,
rola-me, rola meu peito,
rola os deuses, os países,
desintegra-te, explode, acaba!

roll our million words
at top speed,
and roll me, roll my breast,
roll the gods, the nations,
disintegrate, explode, and cease!

CASO DO VESTIDO

Nossa mãe, o que é aquele
vestido, naquele prego?

Minhas filhas, é o vestido
de uma dona que passou.

Passou quando, nossa mãe?
Era nossa conhecida?

Minhas filhas, boca presa.
Vosso pai evém chegando.

Nossa mãe, dizei depressa
que vestido é esse vestido.

Minhas filhas, mas o corpo
ficou frio e não o veste.

O vestido, nesse prego,
está morto, sossegado.

Nossa mãe, esse vestido
tanta renda, esse segredo!

Minhas filhas, escutai
palavras de minha boca.

STORY OF THE DRESS

Mother, whose dress is that,
hanging on that nail?

Daughters, that's the dress
of a woman who passed.

When did she pass, Mother?
Was she someone we knew?

Daughters, be still,
your father's almost here.

Mother, tell us quickly
whose dress is that dress.

Dear daughters, the body
that wore it is cold.

That dress, on that nail,
is dead, in peace.

Dear mother, that dress,
so much lace, that secret!

Dear daughters, listen
to the words from my lips.

Era uma dona de longe,
vosso pai enamorou-se.

E ficou tão transtornado,
se perdeu tanto de nós,

se afastou de toda vida,
se fechou, se devorou,

chorou no prato de carne,
bebeu, brigou, me bateu,

me deixou com vosso berço,
foi para a dona de longe,

mas a dona não ligou.
Em vão o pai implorou.

Dava apólice, fazenda,
dava carro, dava ouro,

beberia seu sobejo,
lamberia seu sapato.

Mas a dona nem ligou.
Então vosso pai, irado,

me pediu que lhe pedisse,
a essa dona tão perversa,

Your father fell in love
with a woman from far away.

And he so lost his senses
that he forgot all about us,

forgot about all life,
closed up, consumed himself.

He cried on his plate of meat,
he drank, he quarreled and beat me,

and he left me with your cradle
for the woman from far away,

but the woman was indifferent.
In vain your father implored.

He'd give her a farm, a car,
his life insurance, gold,

he'd drink her dregs,
he'd lick her shoes.

But the woman was indifferent.
And so your father, enraged,

asked me to ask her,
that perverse woman,

que tivesse paciência
e fosse dormir com ele . . .

Nossa mãe, por que chorais?
Nosso lenço vos cedemos.

Minhas filhas, vosso pai
chega ao pátio. Disfarcemos.

Nossa mãe, não escutamos
pisar de pé no degrau.

Minhas filhas, procurei
aquela mulher do demo.

E lhe roguei que aplacasse
de meu marido a vontade.

Eu não amo teu marido,
me falou ela se rindo.

Mas posso ficar com ele
se a senhora fizer gosto,

só pra lhe satisfazer,
não por mim, não quero homem.

Olhei para vosso pai,
os olhos dele pediam.

if she would be forbearing
and go to bed with him . . .

Mother, why are you crying?
Take our handkerchief.

Daughters, let's act normal,
your father's in the courtyard.

Mother, we don't hear
any feet on the stairs.

Daughters, I went and found
that woman of the devil.

And I begged her to quench
my husband's desire.

I don't love your husband,
she said to me, laughing,

but if it's your wish,
I can stay with him,

to please you, not me,
as I don't want a man.

I looked at your father,
whose eyes were pleading.

Olhei para a dona ruim,
os olhos dela gozavam.

O seu vestido de renda,
de colo mui devassado,

mais mostrava que escondia
as partes da pecadora.

Eu fiz meu pelo-sinal,
me curvei . . . disse que sim.

Saí pensando na morte,
mas a morte não chegava.

Andei pelas cinco ruas,
passei ponte, passei rio,

visitei vossos parentes,
não comia, não falava,

tive uma febre terçã,
mas a morte não chegava.

Fiquei fora de perigo,
fiquei de cabeça branca,

perdi meus dentes, meus olhos,
costurei, lavei, fiz doce,

I looked at the vile woman,
whose eyes were smirking.

Her fancy lace dress,
with its neck cut very low,

showed more than it hid
of that sinner woman's body.

I crossed myself,
I bowed . . . said yes.

I left thinking of death,
but death didn't come.

I walked the five streets,
I crossed the bridge, the river,

I went to see your relatives,
I didn't eat or talk,

I caught a malarial fever,
but death didn't come.

My life was out of danger,
my hair turned white,

I lost my teeth, my eyesight,
I sewed, washed clothes, made sweets,

minhas mãos se escalavraram,
meus anéis se dispersaram,

minha corrente de ouro
pagou conta de farmácia.

Vosso pai sumiu no mundo.
O mundo é grande e pequeno.

Um dia a dona soberba
me aparece já sem nada,

pobre, desfeita, mofina,
com sua trouxa na mão.

Dona, me disse baixinho,
não te dou vosso marido,

que não sei onde ele anda.
Mas te dou este vestido,

última peça de luxo
que guardei como lembrança

daquele dia de cobra,
da maior humilhação.

Eu não tinha amor por ele,
ao depois amor pegou.

my hands turned red and raw,
I gave up all my rings,

my gold chain paid
the pharmacy bill.

Your father was lost in the world.
The world is large and small.

One day the haughty woman
showed up with nothing to show,

poor, broken, hapless,
her bundle in her hand.

Madam, she said softly,
your husband I can't give you,

I don't know where he is.
But I'm giving you this dress,

my last piece of finery,
which I kept as a reminder

of that day of the serpent,
that great humiliation.

At first I didn't love him,
love came to me later.

Mas então ele enjoado
confessou que só gostava

de mim como eu era dantes.
Me joguei a suas plantas,

fiz toda sorte de dengo,
no chão rocei minha cara,

me puxei pelos cabelos,
me lancei na correnteza,

me cortei de canivete,
me atirei no sumidouro,

bebi fel e gasolina,
rezei duzentas novenas,

dona, de nada valeu:
vosso marido sumiu.

Aqui trago minha roupa
que recorda meu malfeito

de ofender dona casada
pisando no seu orgulho.

Recebei esse vestido
e me dai vosso perdão.

But then he lost all interest,
admitting he only liked me

the way I was before.
I threw myself at his feet,

used every charm I knew,
rubbed my face in the ground,

pulled on my hair,
jumped into the stream,

cut myself with a penknife,
hurled myself into the sewer,

drank gall and gasoline,
prayed two hundred novenas,

all in vain. Your husband,
madam, has vanished.

Here's the piece of clothing
that recalls my wrongful deed

of demeaning a married woman
by trampling her pride.

Take from me this dress
and grant me your forgiveness.

Olhei para a cara dela,
quede os olhos cintilantes?

quede graça de sorriso,
quede colo de camélia?

quede aquela cinturinha
delgada como jeitosa?

quede pezinhos calçados
com sandálias de cetim?

Olhei muito para ela,
boca não disse palavra.

Peguei o vestido, pus
nesse prego da parede.

Ela se foi de mansinho
e já na ponta da estrada

vosso pai aparecia.
Olhou pra mim em silêncio,

mal reparou no vestido
e disse apenas: Mulher,

põe mais um prato na mesa.
Eu fiz, ele se assentou,

I looked into her face:
where were the sparkling eyes?

where the alluring smile?
where the camellia collar?

where that dainty waist
as shapely as it was slim?

where the tiny feet
with satin sandals?

I looked at her intently,
my lips said not a word.

I took the dress and hung it
on that nail in the wall.

She quietly snuck away,
and coming down the road

I already saw your father.
He looked at me in silence,

barely noticed the dress,
and said only: Wife,

put one more plate on the table.
I did so, he sat down,

comeu, limpou o suor,
era sempre o mesmo homem,

comia meio de lado
e nem estava mais velho.

O barulho da comida
na boca, me acalentava,

me dava uma grande paz,
um sentimento esquisito

de que tudo foi um sonho,
vestido não há . . . nem nada.

Minhas filhas, eis que ouço
vosso pai subindo a escada.

ate, and wiped his sweat.
He was the very same man,

eating half-turned in his chair,
and he hadn't even aged.

The sound of the food
in his mouth soothed me,

gave me great peace,
a very strange feeling

that this was all a dream,
there is no dress . . . no nothing.

Enough, dear daughters, I hear
your father climbing the stairs.

VIDA MENOR

A fuga do real,
ainda mais longe a fuga do feérico,
mais longe de tudo, a fuga de si mesmo,
a fuga da fuga, o exílio
sem água e palavra, a perda
voluntária de amor e memória,
o eco
já não correspondendo ao apelo, e este fundindo-se,
a mão tornando-se enorme e desaparecendo
desfigurada, todos os gestos afinal impossíveis,
senão inúteis,
a desnecessidade do canto, a limpeza
da cor, nem braço a mover-se nem unha crescendo.
Não a morte, contudo.

Mas a vida: captada em sua forma irredutível,
já sem ornato ou comentário melódico,
vida a que aspiramos como paz no cansaço
(não a morte),
vida mínima, essencial; um início; um sono;
menos que terra, sem calor; sem ciência nem ironia;
o que se possa desejar de menos cruel: vida
em que o ar, não respirado, mas me envolva;
nenhum gasto de tecidos; ausência deles;
confusão entre manhã e tarde, já sem dor,
porque o tempo não mais se divide em seções; o tempo

Flight from reality.
Farther still: flight from fantasy.
Farther than anything: flight from oneself,
flight from flight, exile
without water or words, the voluntary
loss of love and memory,
the echo
no longer linked to the call, and the call getting slurred,
the hand larger and larger, shapeless,
gone, all gestures finally impossible,
if not futile,
the song gratuitous, color cleansed
of all color, with no arm moving or fingernail growing.
But not death.

Life, in its irreducible form,
without embellishment or melodic commentary,
life aspired to like peace when we're weary
(not death),
minimal, essential life; a beginning; a sleep;
less than earth, without warmth; without science or irony;
the least cruel thing we can desire: life
in which air isn't breathed, but let it wrap me;
no wearing down of tissues; absence of tissues;
confusion between morning and afternoon, with no more pain,
since time's no longer sectioned off; time

elidido, domado.

Não o morto nem o eterno ou o divino,

apenas o vivo, o pequenino, calado, indiferente

e solitário vivo.

Isso eu procuro.

elided, subdued.

Not what's dead or eternal or divine,

just what lives: tiny, quiet, indifferent,

solitary life.

That's what I seek.

RESÍDUO

De tudo ficou um pouco.
Do meu medo. Do teu asco.
Dos gritos gagos. Da rosa
ficou um pouco.

Ficou um pouco de luz
captada no chapéu.
Nos olhos do rufião
de ternura ficou um pouco
(muito pouco).

Pouco ficou deste pó
de que teu branco sapato
se cobriu. Ficaram poucas
roupas, poucos véus rotos,
pouco, pouco, muito pouco.

Mas de tudo fica um pouco.
Da ponte bombardeada,
de duas folhas de grama,
do maço
—vazio—de cigarros, ficou um pouco.

Pois de tudo fica um pouco.
Fica um pouco de teu queixo
no queixo de tua filha.

A little of everything remained.
Of my fear. Of your disgust.
Of stuttered cries. Of the rose
a little remained.

A little of the light glancing
off the hat remained.
A little (just a little)
of kindness remained
in the scoundrel's eyes.

Little remained of the dust
that covered your white
shoes. A little clothing,
a few tattered veils, a little,
just a little, very little remained.

But a little of everything remains.
Of the bombed bridge,
of two blades of grass,
of the empty pack
of cigarettes a little remained.

Because a little of everything
remains: a little of your chin
in the chin of your daughter,

De teu áspero silêncio
um pouco ficou, um pouco
nos muros zangados,
nas folhas, mudas, que sobem.

Ficou um pouco de tudo
no pires de porcelana,
dragão partido, flor branca,
ficou um pouco
de ruga na vossa testa,
retrato.

Se de tudo fica um pouco,
mas por que não ficaria
um pouco de mim? no trem
que leva ao norte, no barco,
nos anúncios de jornal,
um pouco de mim em Londres,
um pouco de mim algures?
na consoante?
no poço?

Um pouco fica oscilando
na embocadura dos rios
e os peixes não o evitam,
um pouco: não está nos livros.

De tudo fica um pouco.
Não muito: de uma torneira

a little of your harsh silence
in the angry walls,
in the speechless,
climbing leaves.

A little of everything remained
in the porcelain saucer,
a cracked dragon, a white flower.
A few lines in your forehead,
a photo
remained.

If a little of everything remains,
why won't a little of me
remain? In the train
for the north, in the boat,
in newspaper ads?
A little of me in London,
a little of me somewhere?
In that consonant . . .
In that well . . .

A little remains tossing
in the mouths of rivers,
and the fish don't scorn it:
a little that isn't in books.

A little of everything remains.
Not much: this absurd

pinga esta gota absurda,
meio sal e meio álcool,
salta esta perna de rã,
este vidro de relógio
partido em mil esperanças,
este pescoço de cisne,
este segredo infantil . . .
De tudo ficou um pouco:
de mim; de ti; de Abelardo.
Cabelo na minha manga,
de tudo ficou um pouco;
vento nas orelhas minhas,
simplório arroto, gemido
de víscera inconformada,
e minúsculos artefatos:
campânula, alvéolo, cápsula
de revólver . . . de aspirina.
De tudo ficou um pouco.

E de tudo fica um pouco.
Oh abre os vidros de loção
e abafa
o insuportável mau cheiro da memória.

Mas de tudo, terrível, fica um pouco,
e sob as ondas ritmadas
e sob as nuvens e os ventos
e sob as pontes e sob os túneis
e sob as labaredas e sob o sarcasmo

drip from a faucet,

half salt, half alcohol,

this frog's leg jumping,

this watch crystal shattered

into a thousand hopes,

this swan's neck,

this childhood secret . . .

A little of everything remained:

of me, of you, of Abelard.

Hair on my sleeve,

a little of everything remained;

wind in my ears,

a silly burp, a groan

from a disgruntled bowel,

and minuscule artifacts:

bell jar, honeycomb, a bullet

casing, an aspirin capsule.

A little of everything remained.

And a little of everything remains.

Oh open these jars of lotion

and smother

the unbearable stench of memory.

But a little of everything terribly remains.

Under the breaking waves,

under the clouds and winds,

under bridges and under tunnels,

under flames and under sarcasm,

e sob a gosma e sob o vômito

e sob o soluço, o cárcere, o esquecido

e sob os espetáculos e sob a morte de escarlate

e sob as bibliotecas, os asilos, as igrejas triunfantes

e sob tu mesmo e sob teus pés já duros

e sob os gonzos da família e da classe,

fica sempre um pouco de tudo.

Às vezes um botão. Às vezes um rato.

under slobber and under vomit,
under the sob, the jail, the forgotten,
under gala shows and scarlet deaths,
under libraries, asylums, and triumphant churches,
under you yourself and your crusty feet,
under the hinges of class and of family
a little of everything always remains.
Sometimes a button. Sometimes a rat.

OS ÚLTIMOS DIAS

Que a terra há de comer.
Mas não coma já.

Ainda se mova,
para o ofício e a posse.

E veja alguns sítios
antigos, outros inéditos.

Sinta frio, calor, cansaço;
pare um momento; continue.

Descubra em seu movimento
forças não sabidas, contatos.

O prazer de estender-se; o de
enrolar-se, ficar inerte.

Prazer de balanço, prazer de voo.

Prazer de ouvir música;
sobre papel deixar que a mão deslize.

Irredutível prazer dos olhos;
certas cores: como se desfazem, como aderem;
certos objetos, diferentes a uma luz nova.

THE LAST DAYS

And the earth will swallow us.
But not yet, not yet.

Keep on moving,
keep producing and possessing.

See some old places,
visit some new ones.

Feel the cold, the heat, fatigue.
Stop for a moment; continue.

Discover in your movements
unknown forces, connections.

The pleasure of stretching; the pleasure
of crouching, holding still.

Pleasure of balancing, pleasure of flying.

Pleasure of hearing music;
letting your hand slide over the paper.

The inviolable pleasure of seeing;
certain colors: how they dissolve, how they adhere;
certain objects, different in a new light.

Que ainda sinta cheiro de fruta,
de terra na chuva, que pegue,
que imagine e grave, que lembre.

O tempo de conhecer mais algumas pessoas,
de aprender como vivem, de ajudá-las.

De ver passar este conto: o vento
balançando a folha; a sombra
da árvore, parada um instante,
alongando-se com o sol, e desfazendo-se
numa sombra maior, de estrada sem trânsito.

E de olhar esta folha, se cai.
Na queda retê-la. Tão seca, tão morna.

Tem na certa um cheiro, particular entre mil.
Um desenho, que se produzirá ao infinito,
e cada folha é uma diferente.

E cada instante é diferente, e cada
homem é diferente, e somos todos iguais.
No mesmo ventre o escuro inicial, na mesma terra
o silêncio global, mas não seja logo.

Antes dele outros silêncios penetrem,
outras solidões derrubem ou acalentem
meu peito; ficar parado em frente desta estátua: é um torso

Keep on inhaling the fragrance of fruit
and rain-spattered earth, keep grabbing,
imagining, and recording, keep remembering.

A little more time! To meet a few more people.
To learn how they live, to help them.

To watch this story take place: the wind
shakes the leaf; the tree's shadow,
stock-still for an instant, lengthens
with the sun, and disperses
in a greater shadow, on a road without traffic.

To look at this leaf, if it falls.
And to catch it in its fall. So dry, so warm.

Surely it has a smell, its own among a thousand.
A pattern, to be endlessly repeated,
and each is a different leaf.

And each moment is different, and each man
is different, and we are all equal.
In the same womb the primal darkness, and over the same earth
a worldwide silence, but not yet, not yet.

Let other silences fill me before that one,
let other solitudes crush or lull
my breast; the silence of lingering before this statue:

de mil anos, recebe minha visita, prolonga
para trás meu sopro, igual a mim
na calma, não importa o mármore, completa-me.

O tempo de saber que alguns erros caíram, e a raiz
da vida ficou mais forte, e os naufrágios
não cortaram essa ligação subterrânea entre homens e coisas:
que os objetos continuam, e a trepidação incessante
não desfigurou o rosto dos homens;
que somos todos irmãos, insisto.

Em minha falta de recursos para dominar o fim,
entretanto me sinta grande, tamanho de criança, tamanho de torre,
tamanho da hora, que se vai acumulando século após século e causa
    vertigem,
tamanho de qualquer João, pois somos todos irmãos.

E a tristeza de deixar os irmãos me faça desejar
partida menos imediata. Ah, podeis rir também,
não da dissolução, mas do fato de alguém resistir-lhe,
de outros virem depois, de todos sermos irmãos,
no ódio, no amor, na incompreensão e no sublime
cotidiano, tudo, mas tudo é nosso irmão.

O tempo de despedir-me e contar
que não espero outra luz além da que nos envolveu
dia após dia, noite em seguida a noite, fraco pavio,
pequena ampola fulgurante, facho, lanterna, faísca,

a thousand-year-old torso, it receives my visit, prolongs
toward the past my breath, is equal to me
in its calm and, despite being marble, completes me.

Time enough to remark that some errors have fallen, life's root
has grown stronger, and the shipwrecks
have not severed that underground link between people and things.
Yes, objects persist, and relentless trepidation
has not disfigured the face of men;
yes, I insist, we are all brothers.

In my lack of resources to overcome the end
I still feel I'm vast, I'm as large as a child, as tall as a tower,
as long as time, which keeps adding on the centuries and makes us
    dizzy,
as large as any João I know, for we are all brothers.

And the sadness of leaving my brothers makes me want
to put off my departure. Ah, you can also laugh,
not at the dissolution but because some try to stop it,
because others will come, because we are all brothers,
in hate, in love, in not understanding, and in the everyday
sublime, everything, yes everything, is our brother.

Time enough to say farewell and confess
I expect no light beyond the one that has wrapped us
day after day, night following night, a flickering wick,
a small bright bulb, a torch, lantern, spark,

estrelas reunidas, fogo na mata, sol no mar,
mas que essa luz basta, a vida é bastante, que o tempo
é boa medida, irmãos, vivamos o tempo.

A doença não me intimide, que ela não possa
chegar até aquele ponto do homem onde tudo se explica.
Uma parte de mim sofre, outra pede amor,
outra viaja, outra discute, uma última trabalha,
sou todas as comunicações, como posso ser triste?

A tristeza não me liquide, mas venha também
na noite de chuva, na estrada lamacenta, no bar fechando-se,
que lute lealmente com sua presa,
e reconheça o dia entrando em explosões de confiança, esquecimento,
    amor,
ao fim da batalha perdida.

Este tempo, e não outro, sature a sala, banhe os livros,
nos bolsos, nos pratos se insinue: com sórdido ou potente clarão.
E todo o mel dos domingos se tire;
o diamante dos sábados, a rosa
de terça, a luz de quinta, a mágica
de horas matinais, que nós mesmos elegemos
para nossa pessoal despesa, essa parte secreta
de cada um de nós, no tempo.

E que a hora esperada não seja vil, manchada de medo,
submissão ou cálculo. Bem sei, um elemento de dor
rói sua base. Será rígida, sinistra, deserta,

clustered stars, forest fire, sun on the waves,
for that light is enough, life is enough, and time
is a good measure, brothers, let's live our time.

May sickness not scare me, nor ever reach
the point in man where all is explained.
One part of me suffers, another asks for love,
another travels, another argues, still another works,
I'm all forms of communicating, how can I be sad?

May sadness not slay me, but let it come too
on the rainy night, on the muddy road, at the bar shutting down,
let it faithfully struggle with its prey,
and recognize the day dawning in bursts of confidence, amnesia, and
    love
at the end of its lost battle.

May this and no other time fill the living room, bathe the books,
filter into our pockets and the dishes, with a dingy or a potent glimmer.
And may all the honey of Sundays perish when it must,
and the diamond of Saturdays, the rose
of Tuesdays, the light of Thursdays, the magical
early morning hours, which we reserved
for our personal use, that secret part
of each one of us, in time.

And may the approaching hour not be vile, stained with fear,
submission, or calculation. I know an element of pain
gnaws at its base. It will be grim, unyielding, bleak,

mas não a quero negando as outras horas nem as palavras
ditas antes com voz firme, os pensamentos
maduramente pensados, os atos
que atrás de si deixaram situações.
Que o riso sem boca não a aterrorize
e a sombra da cama calcária não a encha de súplicas,
dedos torcidos, lívido
suor de remorso.

E a matéria se veja acabar: adeus, composição
que um dia se chamou Carlos Drummond de Andrade.
Adeus, minha presença, meu olhar e minhas veias grossas,
meus sulcos no travesseiro, minha sombra no muro,
sinal meu no rosto, olhos míopes, objetos de uso pessoal, ideia de
    justiça, revolta e sono, adeus,
vida aos outros legada.

but I don't want it to negate other hours or words
one day uttered with a firm voice, thoughts
maturely thought out, acts
that left situations in their wake.
May it not shrink in terror at the mouthless laughter
nor be reduced to entreaties, twisted
fingers, or the livid sweat of remorse
before the shadow of the limestone bed.

And may matter observe its own end: farewell, composition
that once called itself Carlos Drummond de Andrade.
Farewell, my presence, my gaze, and my thick veins,
my head's impression on the pillow, my shadow on the wall,
the mole on my face, nearsighted eyes, personal effects, idea of justice,
      defiance, and sleepiness, farewell,
life hereby passed on to others.

NOVOS POEMAS

NEW POEMS

(1948)

CANÇÃO AMIGA

Eu preparo uma canção
em que minha mãe se reconheça,
todas as mães se reconheçam,
e que fale como dois olhos.

Caminho por uma rua
que passa em muitos países.
Se não me veem, eu vejo
e saúdo velhos amigos.

Eu distribuo um segredo
como quem ama ou sorri.
No jeito mais natural
dois carinhos se procuram.

Minha vida, nossas vidas
formam um só diamante.
Aprendi novas palavras
e tornei outras mais belas.

Eu preparo uma canção
que faça acordar os homens
e adormecer as crianças.

I'M MAKING A SONG

I'm making a song
where my mother and all mothers
will see themselves mirrored,
a song that speaks like two eyes.

I'm walking on a road
that runs through many countries.
They may not see me, but I see
and salute old friends.

I'm spreading a secret
like a man who loves or smiles.
Affection seeks affection
in the most natural way.

My life, our lives,
form a single diamond.
I've learned new words
and made others more beautiful.

I'm making a song
for waking up men
and putting children to sleep.

DESAPARECIMENTO DE LUÍSA PORTO

Pede-se a quem souber
do paradeiro de Luísa Porto
avise sua residência
à Rua Santos Óleos, 48.
Previna urgente
solitária mãe enferma
entrevada há longos anos
erma de seus cuidados.

Pede-se a quem avistar
Luísa Porto, de 37 anos,
que apareça, que escreva, que mande dizer
onde está.
Suplica-se ao repórter-amador,
ao caixeiro, ao mata-mosquitos, ao transeunte,
a qualquer do povo e da classe média,
até mesmo aos senhores ricos,
que tenham pena de mãe aflita
e lhe restituam a filha volatilizada
ou pelo menos deem informações.
É alta, magra,
morena, rosto penugento, dentes alvos,
sinal de nascença junto ao olho esquerdo,
levemente estrábica.
Vestidinho simples. Óculos.
Sumida há três meses.
Mãe entrevada chamando.

DISAPPEARANCE OF LUISA PORTO

Anyone who knows
the whereabouts of Luisa Porto
please contact her residence
at 48 Rua Santos Óleos.
Urgently notify
her sick lonely mother
a longtime cripple
dependent on her care.

Anyone who sees
Luisa Porto, 37 years old,
please tell her to come home, to write, to let us know
where she is.
Amateur reporters,
sales clerks, mosquito exterminators, pedestrians,
anyone from the working or middle class
and even wealthy people are urged
to take pity on a worried mother
and bring home her missing daughter
or at least provide some information.
She's tall, thin, dark-skinned,
slightly cross-eyed, with peach fuzz on her face,
white teeth, and a birthmark
next to her left eye.
Wears a housedress. Glasses.
Last seen three months ago.
Sought by her crippled mother.

Roga-se ao povo caritativo desta cidade
que tome em consideração um caso de família
digno de simpatia especial.
Luísa é de bom gênio, correta,
meiga, trabalhadora, religiosa.
Foi fazer compras na feira da praça.
Não voltou.

Levava pouco dinheiro na bolsa.
(Procurem Luísa.)
De ordinário não se demorava.
(Procurem Luísa.)
Namorado isso não tinha.
(Procurem. Procurem.)
Faz tanta falta.

Se todavia não a encontrarem
nem por isso deixem de procurar
com obstinação e confiança que Deus sempre recompensa
e talvez encontrem.
Mãe, viúva pobre, não perde a esperança.
Luísa ia pouco à cidade
e aqui no bairro é onde melhor pode ser pesquisada.
Sua melhor amiga, depois da mãe enferma,
é Rita Santana, costureira, moça desimpedida,
a qual não dá notícia nenhuma,
limitando-se a responder: Não sei.
O que não deixa de ser esquisito.

The charitable people of this city
are asked to consider a family's distress
deserving special sympathy.
Luisa is pleasant, courteous,
gentle, hardworking, and religious.
She went out to buy food at the public market.
She didn't come back.

She had a little money in her pocket.
(Search for Luisa.)
She didn't usually stay out long.
(Search for Luisa.)
She didn't have a boyfriend.
(Search for her. Search.)
She's greatly missed.

If despite your efforts she doesn't turn up
don't on that account quit searching
with perseverance and faith which God always rewards
and you may find her.
Her mother, a poor widow, hasn't lost hope.
Since Luisa rarely went into town,
here in the neighborhood is the best place to investigate.
Her best friend, after her sick mother,
is a seamstress called Rita Santana, a single girl,
who hasn't revealed any news,
answering all inquiries with: I don't know.
Which is a little odd.

Somem tantas pessoas anualmente
numa cidade como o Rio de Janeiro
que talvez Luísa Porto jamais seja encontrada.
Uma vez, em 1898
ou 9,
sumiu o próprio chefe de polícia
que saíra à tarde para uma volta no Largo do Rocio
e até hoje.
A mãe de Luísa, então jovem,
leu no *Diário Mercantil*,
ficou pasma.
O jornal embrulhado na memória.
Mal sabia ela que o casamento curto, a viuvez,
a pobreza, a paralisia, o queixume
seriam, na vida, seu lote
e que sua única filha, afável posto que estrábica,
se diluiria sem explicação.

Pela última vez e em nome de Deus
todo-poderoso e cheio de misericórdia
procurem a moça, procurem
essa que se chama Luísa Porto
e é sem namorado.
Esqueçam a luta política,
ponham de lado preocupações comerciais,
percam um pouco de tempo indagando,
inquirindo, remexendo.
Não se arrependerão. Não
há gratificação maior do que o sorriso

So many people disappear every year
in a city like Rio de Janeiro
that perhaps Luisa Porto will never be found.
Once, in 1898
or 9,
the chief of police himself disappeared.
He went out for a stroll on Rocio Square
and that was the last of him.
Luisa's mother, still young,
read about it in the *Mercantile Gazette*
and was stunned.
The story remained engraved in her memory.
Little did she know that a brief marriage, widowhood,
poverty, paralysis, and sorrow
would be her lot in life
and that her only child, a cross-eyed but agreeable girl,
would mysteriously evaporate.

For the last time and in the name
of almighty and merciful God,
search for her, search for the girl
whose name is Luisa Porto
and who doesn't have a boyfriend.
Forget political struggle,
put business matters aside,
and spend some time asking around,
poking, probing.
You won't regret it. There's nothing
more gratifying than the smile

de mãe em festa
e a paz íntima
consequente às boas e desinteressadas ações,
puro orvalho da alma.

Não me venham dizer que Luísa suicidou-se.
O santo lume da fé
ardeu sempre em sua alma
que pertence a Deus e a Teresinha do Menino Jesus.
Ela não se matou.
Procurem-na.
Tampouco foi vítima de desastre
que a polícia ignora
e os jornais não deram.
Está viva para consolo de uma entrevada
e triunfo geral do amor materno,
filial
e do próximo.

Nada de insinuações quanto à moça casta
e que não tinha, não tinha namorado.
Algo de extraordinário terá acontecido,
terremoto, chegada de rei.
As ruas mudaram de rumo,
para que demore tanto, é noite.
Mas há de voltar, espontânea
ou trazida por mão benigna,
o olhar desviado e terno,
canção.

of a jubilant mother
and the inner peace
ensuing from good and disinterested deeds,
sweet balm for the soul.

Don't try telling me that Luisa committed suicide.
The sacred fire of faith
always burned in her soul,
which belongs to God and Saint Theresa of the Child Jesus.
She didn't kill herself.
Search for her.
Nor was she the victim of some accident
unknown to the police
and unreported by the papers.
She's alive to the great relief of a crippled old lady
and to the greater glory of maternal,
filial, and neighborly
love.

Don't make lewd insinuations about this girl
who was chaste and didn't, no she didn't, have a boyfriend.
Something out of the ordinary must have happened,
an earthquake, or the arrival of a king.
The streets must have changed direction
for her to take so long, it's already night.
But she's bound to return, on her own
or led by a friendly hand,
her eyes looking away and so soft,
a song.

A qualquer hora do dia ou da noite
quem a encontrar avise a Rua Santos Óleos.
Não tem telefone.
Tem uma empregada velha que apanha o recado
e tomará providências.

Mas
se acharem que a sorte dos povos é mais importante
e que não devemos atentar nas dores individuais,
se fecharem ouvidos a este apelo de campainha,
não faz mal, insultem a mãe de Luísa,
virem a página:
Deus terá compaixão da abandonada e da ausente,
erguerá a enferma, e os membros perclusos
já se desatam em forma de busca.
Deus lhe dirá:
Vai,
procura tua filha, beija-a e fecha-a para sempre em teu coração.

Ou talvez não seja preciso esse favor divino.
A mãe de Luísa (somos pecadores)
sabe-se indigna de tamanha graça.
E resta a espera, que sempre é um dom.
Sim, os extraviados um dia regressam
ou nunca, ou pode ser, ou ontem.
E de pensar realizamos.
Quer apenas sua filhinha
que numa tarde remota de Cachoeiro
acabou de nascer e cheira a leite,

If anyone finds her, no matter what time
of day or night, please send word to Rua Santos Óleos.
There's no telephone.
An old housekeeper will receive the message
and handle the rest.

But
if you feel that the plight of the masses is more important
and that we shouldn't attend to individual sorrows,
if you've shut your ears to the ringing of this appeal,
then fine, you can insult Luisa's mother
and turn the page:
God will pity the forlorn woman and her missing daughter,
he'll raise up that cripple, whose feeble legs
will start kicking, ready to set out.
God will say:
Go,
find your daughter, kiss her, and keep her forever in your heart.

Or perhaps this divine favor won't be necessary.
Luisa's mother (we're all sinners)
knows she's unworthy of so much grace.
And there's always the precious gift of hope.
Yes, the missing will come home one day,
or never, or maybe, or yesterday.
And thinking is a way of having.
All she wants is her baby girl
who one afternoon long ago in Cachoeiro
was a newborn and smelled of milk,

a cólica, a lágrima.

Já não interessa a descrição do corpo

nem esta, perdoem, fotografia,

disfarces de realidade mais intensa

e que anúncio algum proverá.

Cessem pesquisas, rádios, calai-vos.

Calma de flores abrindo

no canteiro azul

onde desabrocham seios e uma forma de virgem

intata nos tempos.

E de sentir compreendemos.

Já não adianta procurar

minha querida filha Luísa

que enquanto vagueio pelas cinzas do mundo

com inúteis pés fixados, enquanto sofro

e sofrendo me solto e me recomponho

e torno a viver e ando,

está inerte

cravada no centro da estrela invisível

Amor.

colic, and tears.

Forget the physical description of Luisa

and excuse this photograph,

poor semblances of a more intense reality

that no public notice can convey.

Call off the searches. Radios, stop broadcasting.

The calm of flowers opening

in the blue flowerbed

with blossoming breasts and a virgin figure

undefiled for all time . . .

And feeling is a way of understanding.

It's useless to keep searching

for my dear daughter Luisa,

since while I roam through the world's ashes

with worthless, lame feet, and while I suffer

and by suffering release and recompose myself

and again live and walk,

she's perfectly still,

embedded in the center of that invisible star

Love.

JARDIM

Negro jardim onde violas soam
e o mal da vida em ecos se dispersa:
à toa uma canção envolve os ramos,
como a estátua indecisa se reflete

no lago há longos anos habitado
por peixes, não, matéria putrescível,
mas por pálidas contas de colares
que alguém vai desatando, olhos vazados

e mãos oferecidas e mecânicas,
de um vegetal segredo enfeitiçadas,
enquanto outras visões se delineiam

e logo se enovelam: mascarada,
que sei de sua essência (ou não a tem),
jardim apenas, pétalas, presságio.

Black garden where guitars are playing
and the pain of life spreads out in echoes:
a song meanders through the branches,
as the hesitant statue reflects on itself

in the pond inhabited for untold years
by fish, not fish, they're decayable matter,
but by pale beads from necklaces
that someone unstrings, with blank eyes

and outstretched hands that mechanically move
under the spell of a vegetable secret,
while other visions come into focus,

then blur and fade: a masquerade,
whose essence (if it has one) eludes me,
it's just a garden, petals, a portent.

CANTO ESPONJOSO

Bela
esta manhã sem carência de mito,
e mel sorvido sem blasfêmia.

Bela
esta manhã ou outra possível,
esta vida ou outra invenção,
sem, na sombra, fantasmas.

Umidade de areia adere ao pé.
Engulo o mar, que me engole.
Valvas, curvos pensamentos, matizes da luz
azul
        completa
sobre formas constituídas.

Bela
a passagem do corpo, sua fusão
no corpo geral do mundo.

Vontade de cantar. Mas tão absoluta
que me calo, repleto.

SPONGE SONG

Beautiful
morning with no need of myths,
sipping honey without blasphemy.

Beautiful
morning, this or some other morning,
this life or some other invention,
without any ghosts in the shadows.

The sand's dampness clings to my feet.
I swallow the sea, which swallows me.
Seashells, curved thoughts, shades of complete
blue
       light
over materialized forms.

Beautiful
passing body, blended into the whole
body of the world.

An urge to sing, but so intense
I hold my tongue, replete.

CLARO ENIGMA

CLEAR ENIGMA

(1951)

AMAR

Que pode uma criatura senão,
entre criaturas, amar?
amar e esquecer,
amar e malamar,
amar, desamar, amar?
sempre, e até de olhos vidrados, amar?

Que pode, pergunto, o ser amoroso,
sozinho, em rotação universal, senão
rodar também, e amar?
amar o que o mar traz à praia,
o que ele sepulta, e o que, na brisa marinha,
é sal, ou precisão de amor, ou simples ânsia?

Amar solenemente as palmas do deserto,
o que é entrega ou adoração expectante,
e amar o inóspito, o áspero,
um vaso sem flor, um chão de ferro,
e o peito inerte, e a rua vista em sonho, e uma ave de rapina.

Este o nosso destino: amor sem conta,
distribuído pelas coisas pérfidas ou nulas,
doação ilimitada a uma completa ingratidão,
e na concha vazia do amor a procura medrosa,
paciente, de mais e mais amor.

Amar a nossa falta mesma de amor, e na secura nossa
amar a água implícita, e o beijo tácito, e a sede infinita.

What can one creature among other creatures
do but love?
love and forget,
love and mislove,
love, unlove, love?
always, and with wide eyes, love?

What, I ask, can a loving soul
alone in the universal rotation do
but spin with everything else, and love?
love what the wave brings to shore,
what it buries, and what in the ocean breeze
is salt, or the need for love, or mere longing?

Love solemnly the desert palms,
the act of surrender, or expectant adoration . . .
And love what's rough or barren,
a flowerless vase, an iron land,
the unfeeling breast, the street from a dream, a bird of prey . . .

This is our destiny: to spread unmeasured love
among treacherous or worthless things,
to give without limits to a total ingratitude,
and to search with hopeful patience, in love's empty
shell, for still more love.

To love our very lack of love, and to love in our dryness
the implicit water, and the tacit kiss, and that infinite thirst.

TARDE DE MAIO

Como esses primitivos que carregam por toda parte o maxilar inferior
   de seus mortos,
assim te levo comigo, tarde de maio,
quando, ao rubor dos incêndios que consumiam a terra,
outra chama, não perceptível, e tão mais devastadora,
surdamente lavrava sob meus traços cômicos,
e uma a uma, *disjecta membra*, deixava ainda palpitantes
e condenadas, no solo ardente, porções de minh'alma
nunca antes nem nunca mais aferidas em sua nobreza
sem fruto.

Mas os primitivos imploram à relíquia saúde e chuva,
colheita, fim do inimigo, não sei que portentos.
Eu nada te peço a ti, tarde de maio,
senão que continues, no tempo e fora dele, irreversível,
sinal de derrota que se vai consumindo a ponto de
converter-se em sinal de beleza no rosto de alguém
que, precisamente, volve o rosto, e passa . . .
Outono é a estação em que ocorrem tais crises,
e em maio, tantas vezes, morremos.

Para renascer, eu sei, numa fictícia primavera,
já então espectrais sob o aveludado da casca,
trazendo na sombra a aderência das resinas fúnebres
com que nos ungiram, e nas vestes a poeira do carro
fúnebre, tarde de maio, em que desaparecemos,

MAY AFTERNOON

Like primitive men who devoutly hold on to the lower jawbone of
  their dead,
so I hold you, May afternoon,
when fires were redly consuming the earth
and a far more devastating, unseen flame
raged quietly under my comic features
and left all across the burning ground, *disjecta membra*,
my soul's condemned, still throbbing pieces,
which never before or after revealed such fruitless
nobility.

But primitive men appeal to their relic for health and rain,
a good harvest, the enemy's defeat, this or that miracle.
All I ask of you, May afternoon,
is that you endure, irreversible, in time and outside it,
a mark of defeat that slowly wears down to become
a beauty mark on the very face
that turns away from me, and passes . . .
Autumn is the season when such crises occur,
and in May very often we die.

To be reborn, I know, in a fictitious spring,
already ghostly under our velvety husk,
carrying in our shadow the stubbornly sticking resins
used to anoint our corpses, and in our clothes the dust
of the hearse, May afternoon when we perished

sem que ninguém, o amor inclusive, pusesse reparo.

E os que o vissem não saberiam dizer: se era um préstito

lutuoso, arrastado, poeirento, ou um desfile carnavalesco.

Nem houve testemunha.

Não há nunca testemunhas. Há desatentos. Curiosos, muitos.

Quem reconhece o drama, quando se precipita, sem máscara?

Se morro de amor, todos o ignoram

e negam. O próprio amor se desconhece e maltrata.

O próprio amor se esconde, ao jeito dos bichos caçados;

não está certo de ser amor, há tanto lavou a memória

das impurezas de barro e folha em que repousava. E resta,

perdida no ar, por que melhor se conserve,

uma particular tristeza, a imprimir seu selo nas nuvens.

without anyone paying heed, love included.

And those who happened to be there couldn't say if it was a mournful
procession, plodding and dusty, or a carnival parade.

There were no witnesses.

There are never any witnesses. There are oblivious or curious bystanders.

Who recognizes drama when it leaps into being, without masks?

If I die of love, no one notices

or admits it. My very love dismisses and mistreats itself.

It goes into hiding, like hunted prey, uncertain of really being

love, so long ago did it wash from memory the impurities

of earth and vegetation in which it lay. And what remains,

adrift in the air, a better medium to preserve it,

is a singular sadness, which stamps its seal on the clouds.

A INGAIA CIÊNCIA

A madureza, essa terrível prenda
que alguém nos dá, raptando-nos, com ela,
todo sabor gratuito de oferenda
sob a glacialidade de uma estela,

a madureza vê, posto que a venda
interrompa a surpresa da janela,
o círculo vazio, onde se estenda,
e que o mundo converte numa cela.

A madureza sabe o preço exato
dos amores, dos ócios, dos quebrantos,
e nada pode contra sua ciência

e nem contra si mesma. O agudo olfato,
o agudo olhar, a mão, livre de encantos,
se destroem no sonho da existência.

THE UNGAY SCIENCE

Maturity, that terrible gift
whose giver, giving it, takes away
all the spontaneous joy of receiving
under the icy shade of a headstone—

maturity sees, despite the blindfold
blocking the window's fresh surprise,
the empty circle that has no end
and that turns the world into a jail.

Maturity knows the exact price
of love, of leisure, of sorceries,
and can do nothing against its own science

or self. Its sharpened gaze, sharp sense
of smell, and hand freed of every enchantment
self-destruct in the dream of existence.

CANTIGA DE ENGANAR

O mundo não vale o mundo,
meu bem.
Eu plantei um pé-de-sono,
brotaram vinte roseiras.
Se me cortei nelas todas
e se todas se tingiram
de um vago sangue jorrado
ao capricho dos espinhos,
não foi culpa de ninguém.
O mundo,
meu bem,
não vale
a pena, e a face serena
vale a face torturada.
Há muito aprendi a rir,
de quê? de mim? ou de nada?
O mundo, valer não vale.
Tal como sombra no vale,
a vida baixa . . . e se sobe
algum som deste declive,
não é grito de pastor
convocando seu rebanho.
Não é flauta, não é canto
de amoroso desencanto.
Não é suspiro de grilo,
voz noturna de nascentes,

MAKE-BELIEVE LULLABY

The world's not worth the world,
     my love.
I planted a sleep tree, and up
came twenty rosebushes.
If I cut myself on them all
and if all of them were stained
by a hazy blood issued
at the whim of the thorns,
it wasn't anyone's fault.
The world,
  my love,
    isn't worth
our trouble, nor is an untroubled
face worth more than a pained one.
I learned long ago to laugh,
at what? At me? At nothing?
The world, worth nothing, isn't valid.
Like the shadow in the valley,
life descends . . . and if some
sound rises out of that depth,
it's not the shepherd's shout
rounding up his sheep.
It's not a flute or a chant
of disenchanted love.
It's not a cricket's sigh,
or the nighttime voice of streams,

não é mãe chamando filho,
não é silvo de serpentes
esquecidas de morder
como abstratas ao luar.
Não é choro de criança
para um homem se formar.
Tampouco a respiração
de soldados e de enfermos,
de meninos internados
ou de freiras em clausura.
Não são grupos submergidos
nas geleiras do entressono
e que deixem desprender-se,
menos que simples palavra,
menos que folha no outono,
a partícula sonora
que a vida contém, e a morte
contém, o mero registro
da energia concentrada.
Não é nem isto, nem nada.
É som que precede a música,
sobrante dos desencontros
e dos encontros fortuitos,
dos malencontros e das
miragens que se condensam
ou que se dissolvem noutras
absurdas figurações.
O mundo não tem sentido.
O mundo e suas canções

or a mother calling her son.
It's not the hiss of serpents
so entranced in the moonlight
they forget about biting.
It's not a boy crying
for a man to take shape.
Nor is it the breathing
of soldiers or the sick,
of children in boarding schools
or nuns walled up in convents.
It's not groups that, submersed
in the glaciers of half-sleep,
let themselves slip away,
less than a simple word,
less than an autumn leaf,
the particle of sound
that life contains, and death
contains, the barest record
of concentrated energy.
It's not this, or anything.
It's sound before music,
it's what remains from non-
encounters, chance encounters,
mis-encounters, from mirages
that condense or dissolve
into other absurd representations.
The world has no meaning.
The world and its most moving

de timbre mais comovido
estão calados, e a fala
que de uma para outra sala
ouvimos em certo instante
é silêncio que faz eco
e que volta a ser silêncio
no negrume circundante.
Silêncio: que quer dizer?
Que diz a boca do mundo?
Meu bem, o mundo é fechado,
se não for antes vazio.
O mundo é talvez: e é só.
Talvez nem seja talvez.
O mundo não vale a pena,
mas a pena não existe.
Meu bem, façamos de conta.
De sofrer e de olvidar,
de lembrar e de fruir,
de escolher nossas lembranças
e revertê-las, acaso
se lembrem demais em nós.
Façamos, meu bem, de conta
—mas a conta não existe—
que é tudo como se fosse,
ou que, se fora, não era.
Meu bem, usemos palavras.
Façamos mundos: ideias.
Deixemos o mundo aos outros,
já que o querem gastar.

songs are still, and the speech

we suddenly hear

from the next room

is silence making an echo

and returning to being silence

in the all-surrounding darkness.

Silence: what is it saying?

What does the world say?

The world, my love, is sealed,

if it isn't simply empty.

The world is perhaps. Period.

Perhaps it's not even perhaps.

The world's not worth our trouble,

but trouble doesn't exist.

Let's make believe, my love,

that we suffer and forget,

remember and enjoy,

select our memories

and unselect them whenever

they remember too much in us.

My love, let's make believe

—but the believed doesn't exist—

that everything's as if it were,

or that, if it was, it wasn't.

Let's use words, my love.

Let's make worlds: ideas.

Let's leave the world to others,

since they want to consume it.

Meu bem, sejamos fortíssimos
—mas a força não existe—
e na mais pura mentira
do mundo que se desmente,
recortemos nossa imagem,
mais ilusória que tudo,
pois haverá maior falso
que imaginar-se alguém vivo,
como se um sonho pudesse
dar-nos o gosto do sonho?
Mas o sonho não existe.
Meu bem, assim acordados,
assim lúcidos, severos,
ou assim abandonados,
deixando-nos à deriva
levar na palma do tempo
—mas o tempo não existe—,
sejamos como se fôramos
num mundo que fosse: o Mundo.

My love, let's summon our strength
—but strength doesn't exist—
and in the purest lie
of this self-belying world
let's fashion our own image,
more illusory than anything,
since what could be more false
than to fancy oneself alive,
as if a dream could give us
the pleasure we dream of?
But the dream doesn't exist.
And thus, my love, completely
awake, clear-minded, severe,
or with complete abandon,
letting ourselves wander
in the palm of time
—but time doesn't exist —
let's act as if we were
in a world that could be: the World.

PERGUNTAS

Numa incerta hora fria
perguntei ao fantasma
que força nos prendia,
ele a mim, que presumo
estar livre de tudo,
eu a ele, gasoso,
todavia palpável
na sombra que projeta
sobre meu ser inteiro:
um ao outro, cativos
desse mesmo princípio
ou desse mesmo enigma
que distrai ou concentra
e renova e matiza,
prolongando-a no espaço,
uma angústia do tempo.

Perguntei-lhe em seguida
o segredo de nosso
convívio sem contato,
de estarmos ali quedos,
eu em face do espelho,
e o espelho devolvendo
uma diversa imagem,
mas sempre evocativa
do primeiro retrato

One cold, uncertain hour
I asked the ghost
what force binds us,
him to me, whom I think of
as not bound to anything,
and me to him, gaseous
yet vividly felt
in the shadow he casts
over all my being:
reciprocal captives
of the same principle
(or the same enigma)
that distracts or focuses
and renews and refines
an anxiety of time,
prolonging it in space.

Next I asked him
the secret of our
intimacy without contact,
our quiet colloquy,
me facing the mirror
and the mirror returning
a likeness that's different
yet always reminiscent
of the first image

que compõe de si mesma
a alma predestinada
a um tipo de aventura
terrestre, cotidiana.

Perguntei-lhe depois
por que tanto insistia
nos mares mais exíguos
em distribuir navios
desse calado irreal,
sem rota ou pensamento
de atingir qualquer porto,
propícios a naufrágio
mais que a navegação;
nos frios alcantis
de meu serro natal,
desde muito derruído,
em acordar memórias
de vaqueiros e vozes,
magras reses, caminhos
onde a bosta de vaca
é o único ornamento,
e o coqueiro-de-espinho
desolado se alteia.

Perguntei-lhe por fim
a razão sem razão
de me inclinar aflito
sobre restos de restos,

a soul conceives for itself
when predestined to live
an earthly, everyday
sort of adventure.

Then I asked him
why he so insists
on such tiny seas,
on launching ships
with unreal hulls,
with no route or idea
of reaching any port,
ships fit for shipwreck
more than sailing;
why he insists on the cold
crags of the long-toppled
mountains of my childhood,
on arousing old memories
of cowherds, voices,
scrawny livestock, paths
where cow dung
was the only adornment,
and the desolate macaw palm
reigned tall.

Finally I asked him
the unreasonable reason
for leaning me, in anguish,
over remains of remains

de onde nenhum alento
vem refrescar a febre
deste repensamento;
sobre esse chão de ruínas
imóveis, militares
na sua rigidez
que o orvalho matutino
já não banha ou conforta.

No voo que desfere,
silente e melancólico,
rumo da eternidade,
ele apenas responde
(se acaso é responder
a mistérios, somar-lhes
um mistério mais alto):

Amar, depois de perder.

from where no breath wafts
to cool the fever
of my reconsiderations;
over that field of static
ruins, whose military
rigidity the morning
dew no longer
bathes or comforts.

While rising in flight,
taciturn and melancholy,
bound for eternity,
he gave only this answer
(if mysteries can indeed
be answered by another,
still higher mystery):

To love, after losing.

CARTA

Bem quisera escrevê-la
com palavras sabidas,
as mesmas, triviais,
embora estremecessem
a um toque de paixão.
Perfurando os obscuros
canais de argila e sombra,
ela iria contando
que vou bem, e amo sempre
e amo cada vez mais
a essa minha maneira
torcida e reticente,
e espero uma resposta,
mas que não tarde; e peço
um objeto minúsculo
só para dar prazer
a quem pode ofertá-lo;
diria ela do tempo
que faz do nosso lado;
as chuvas já secaram,
as crianças estudam,
uma última invenção
(inda não é perfeita)
faz ler nos corações,
mas todos esperamos
rever-nos bem depressa.

LETTER

I wish I could write this
with the right words,
as trite as ever
yet apt to tremble
if touched by passion.
Cutting dark tunnels
through clay and shadow,
my letter would tell you
I'm fine and still love you,
and love more with each day
in my twisted and hesitant
way, and I hope
you answer, and please
don't delay, and I'd ask
for a tiny something
just to afford you
the pleasure of giving.
It would tell you about
the weather over here,
how the rains have stopped,
the kids are in school,
a recent invention
(still being perfected)
can read people's hearts,
but we all hope
to see you again soon.

Muito depressa, não.
Vai-se tornando o tempo
estranhamente longo
à medida que encurta.
O que ontem disparava,
desbordado alazão,
hoje se paralisa
em esfinge de mármore,
e até o sono, o sono
que era grato e era absurdo
é um dormir acordado
numa planície grave.
Rápido é o sonho, apenas,
que se vai, de mandar
notícias amorosas
quando não há amor
a dar ou receber;
quando só há lembrança,
ainda menos, pó,
menos ainda, nada,
nada de nada em tudo,
em mim mais do que em tudo,
e não vale acordar
quem acaso repouse
na colina sem árvores.
Contudo, esta é uma carta.

Not too soon, though.
As it gets shorter,
time's becoming
strangely lengthy.
What bolted yesterday
like a fired-up steed
freezes into a marble
sphinx today,
and even sleep,
which was sweet and absurd,
now sleeps while awake
on a somber plain.
The only swift thing
is the fleeting dream
of sending loving news
when there's no love
to give or receive,
when there's just memory,
or still less, dust,
or less yet, nothing,
nothing of nothing
in everything,
and more nothing in me,
and it's no use waking up
whoever's resting
on the treeless hill.
But this is a letter.

A MESA

E não gostavas de festa . . .
Ó velho, que festa grande
hoje te faria a gente.
E teus filhos que não bebem
e o que gosta de beber,
em torno da mesa larga,
largavam as tristes dietas,
esqueciam seus fricotes,
e tudo era farra honesta
acabando em confidência.
Ai, velho, ouvirias coisas
de arrepiar teus noventa.
E daí, não te assustávamos,
porque, com riso na boca,
e a nédia galinha, o vinho
português de boa pinta,
e mais o que alguém faria
de mil coisas naturais
e fartamente poria
em mil terrinas da China,
já logo te insinuávamos
que era tudo brincadeira.
Pois sim. Teu olho cansado,
mas afeito a ler no campo
uma lonjura de léguas,
e na lonjura uma rês

THE TABLE

And you didn't like parties . . .
But what a party, old man,
we'd throw for you today.
Your sons who don't drink
and the one who loves drinking,
seated around the big table,
would forgo their sad diets
and forget their complaints,
we'd have good-hearted fun
and end up baring our souls.
You'd hear things, old man,
that would stun your ninety years.
We wouldn't alarm you, though,
since with smiles on our faces,
the plump chicken, a choice
Portuguese wine, and a thousand
things from Nature's bounty
that someone would prepare
and copiously serve up
in a thousand Chinese tureens,
we'd make you understand
that it was all in jest.
That's right. Your tired eyes,
which are still able to read
across miles of field and spot
in those miles a calf gone astray

perdida no azul azul,
entrava-nos alma adentro
e via essa lama podre
e com pesar nos fitava
e com ira amaldiçoava
e com doçura perdoava
(perdoar é rito de pais,
quando não seja de amantes).
E, pois, todo nos perdoando,
por dentro te regalavas
de ter filhos assim . . . Puxa,
grandessíssimos safados,
me saíram bem melhor
que as encomendas. De resto,
filho de peixe . . . Calavas,
com agudo sobrecenho
interrogavas em ti
uma lembrança saudosa
e não de todo remota
e rindo por dentro e vendo
que lançaras uma ponte
dos passos loucos do avô
à incontinência dos netos,
sabendo que toda carne
aspira à degradação,
mas numa via de fogo
e sob um arco sexual,
tossias. Hem, hem, meninos,
não sejam bobos. Meninos?

in the blue so blue,
would look into our souls
and see that rotten mud
and stare at us with sorrow
and curse us with fury
and gently forgive us
(forgiveness is a ritual
of parents as well as lovers).
Everything forgiven,
deep down you'd feel lucky
to have sons like us . . .
Truth is, you big old rascals
turned out a lot better
than I bargained for. Chips
off the old block, I guess . . .
Falling silent, with an arched
brow you'd call up a fond
and not entirely remote
memory, and laughing inside
and seeing how you'd thrown
a bridge from the crazy
pacing of your own father
to the horsing around of your sons,
knowing that all flesh
aspires to degradation,
but on a path of fire
and under a sexual spell,
you'd cough. Ahem, hey kids,
don't be foolish. Kids?

Uns marmanjos cinquentões,
calvos, vividos, usados,
mas resguardando no peito
essa alvura de garoto,
essa fuga para o mato,
essa gula defendida
e o desejo muito simples
de pedir à mãe que cosa,
mais do que nossa camisa,
nossa alma frouxa, rasgada . . .
Ai, grande jantar mineiro
que seria esse . . . Comíamos,
e comer abria fome,
e comida era pretexto.
E nem mesmo precisávamos
ter apetite, que as coisas
deixavam-se espostejar,
e amanhã é que eram elas.
Nunca desdenhe o tutu.
Vá lá mais um torresminho.
E quanto ao peru? Farofa
há de ser acompanhada
de uma boa cachacinha,
não desfazendo em cerveja,
essa grande camarada.
Ind'outro dia . . . Comer
guarda tamanha importância
que só o prato revele
o melhor, o mais humano

A bunch of louts in our fifties,
balding, used up, burned out,
yet in our chests we preserve
intact that boyish candor,
that scampering into the woods,
that craving for things forbidden,
and the very simple wish
to ask Mother please to sew
not our shirts but rather
our torn and haggard souls.
What a great Minas dinner
it would be . . . We'd eat,
and eating would make us hungry,
and the food would be a pretext.
And even without any
appetite, we'd slice
and nibble until everything
was gone, tomorrow be damned.
Have some black bean *tutu.*
One more crackling, come on.
And the turkey? Fried manioc
flour needs to be washed down
with a shot of good cachaça,
and don't forget the beer,
that true-blue companion.
Just the other day . . . Is eating
so crucial that only a fine
meal can bring to light
the best, most human part

dos seres em sua treva?
Beber é pois tão sagrado
que só bebido meu mano
me desata seu queixume,
abrindo-me sua palma?
Sorver, papar: que comida
mais cheirosa, mais profunda
no seu tronco luso-árabe,
e que bebida mais santa
que a todos nos une em um
tal centímano glutão,
parlapatão e bonzão!
E nem falta a irmã que foi
mais cedo que os outros e era
rosa de nome e nascera
em dia tal como o de hoje
para enfeitar tua data.
Seu nome sabe a camélia,
e sendo uma rosa-amélia,
flor muito mais delicada
que qualquer das rosas-rosa,
viveu bem mais do que o nome,
porém no íntimo claustrava
a rosa esparsa. A teu lado,
vê: recobrou-se-lhe o viço.
Aqui sentou-se o mais velho.
Tipo do manso, do sonso,
não servia para padre,
amava casos bandalhos;

hiding within us?
Is drinking so sacred
that only after he's tipsy
can my brother tell me why
he's miffed and shake my hand?
We guzzle, we gorge: how sweet
the smell of this food, how deep
run its Portuguese-Arab roots,
and how holy this drink
that makes us all a single
hundred-handed glutton,
braggart, and champion!
We even have the sister
who left us behind. A rose
by name, she was born
on a day just like today,
to make your birthday special.
She was a rose-amelia,
a name with a hint of camellia
and a much more delicate flower
than a rose rose, and she lived
much longer than her name,
but all the while she cloistered
the scattered rose. Beside you,
look: she blossoms again.
And here we have the eldest.
A quiet and devious sort,
he wasn't priest material;
he loved immoralities.

depois o tempo fez dele
o que faz de qualquer um;
e à medida que envelhece,
vai estranhamente sendo
retrato teu sem ser tu,
de sorte que se o diviso
de repente, sem anúncio,
és tu que me reapareces
noutro velho de sessenta.
Este outro aqui é doutor,
o bacharel da família,
mas suas letras mais doutas
são as escritas no sangue,
ou sobre a casca das árvores.
Sabe o nome da florzinha
e não esquece o da fruta
mais rara que se prepara
num casamento genético.
Mora nele a nostalgia,
citadino, do ar agreste,
e, camponês, do letrado.
Então vira patriarca.
Mais adiante vês aquele
que de ti herdou a dura
vontade, o duro estoicismo.
Mas, não quis te repetir.
Achou não valer a pena
reproduzir sobre a terra
o que a terra engolirá.

Then time did to him
what it does to everyone,
and the older he gets
the more he's your perfect
picture without being you,
so that if I unexpectedly
see him, it's you who loom
before me in another
old man of sixty.
And here's the learned lawyer,
the family college graduate,
but his most learned letters
are the ones written in blood
or on the bark of trees.
He knows the name of the tiniest
flower and of the rarest
fruit born from a genetic
marriage. He's a city boy
who misses the wild outdoors
and a country boy nostalgic
for the scholar. And so
he's become the patriarch.
Further down we have
the inheritor of your iron
will, your stoic temperament.
But he didn't want to repeat you.
He thought it pointless
to reproduce on earth
what the earth will swallow.

Amou. E ama. E amará.
Só não quer que seu amor
seja uma prisão de dois,
um contrato, entre bocejos
e quatro pés de chinelo.
Feroz a um breve contato,
à segunda vista, seco,
à terceira vista, lhano,
dir-se-ia que ele tem medo
de ser, fatalmente, humano.
Dir-se-ia que ele tem raiva,
mas que mel transcende a raiva,
e que sábios, ardilosos
recursos de se enganar
quanto a si mesmo: exercita
uma força que não sabe
chamar-se, apenas, bondade.
Esta calou-se. Não quis
manter com palavras novas
o colóquio subterrâneo
que num sussurro percorre
a gente mais desatada.
Calou-se, não te aborreças.
Se tanto assim a querias,
algo nela ainda te quer,
à maneira atravessada
que é própria de nosso jeito.
(Não ser feliz tudo explica.)
Bem sei como são penosos

He loved. And loves. And will love.
But he didn't want his love
to be a prison for two,
a contract between yawns
and four slippered feet.
Brutal on first contact,
cool on a second meeting,
and affable on the third,
it seems he's afraid
of being, fatally, human.
It seems he feels rage
but that honey transcends his rage,
and what clever, crafty ways
he has to fool himself
about himself: he wields
a force he's unable
to call just kindness.
Look who's sitting there.
She quit talking, not wanting
to feed with new words
the discourse always humming
among those of us less guarded.
She quit talking. Don't take it
badly. If you loved her
so much, then something in her
still loves you, in that twisted
way of ours. (Not being
happy explains everything.)
I realize how painful

esses lances de família,
e discutir neste instante
seria matar a festa,
matando-te—não se morre
uma só vez, nem de vez.
Restam sempre muitas vidas
para serem consumidas
na razão dos desencontros
de nosso sangue nos corpos
por onde vai dividido.
Ficam sempre muitas mortes
para serem longamente
reencarnadas noutro morto.
Mas estamos todos vivos.
E mais que vivos, alegres.
Estamos todos como éramos
antes de ser, e ninguém
dirá que ficou faltando
algum dos teus. Por exemplo:
ali ao canto da mesa,
não por humilde, talvez
por ser o rei dos vaidosos
e se pelar por incômodas
posições de tipo *gauche*,
ali me vês tu. Que tal?
Fica tranquilo: trabalho.
Afinal, a boa vida
ficou apenas: a vida
(e nem era assim tão boa

these family occasions are,
and to argue now
would kill the party, killing
you—no one dies
just once, nor once and for all.
Lots of lives will always
remain to be consumed,
owing to the clashes
of our blood in the different
bodies where it's dispersed.
Lots of deaths are always
waiting to be slowly rein-
carnated in another dead soul.
But we're all alive.
And not just alive: we're happy.
We're just like we were
before being us, and no one
will say that any of your children
were missing. There, for instance,
sitting at the corner of the table,
not with humility and perhaps
because he's the king of conceit,
fond of his role
as the awkward misfit—
that's me you're seeing. What
do you think? Don't worry: I work.
What used to be the good life
has become just life
(and it wasn't all that good,

e nem se fez muito má).
Pois ele sou eu. Repara:
tenho todos os defeitos
que não farejei em ti,
e nem os tenho que tinhas,
quanto mais as qualidades.
Não importa: sou teu filho
com ser uma negativa
maneira de te afirmar.
Lá que brigamos, brigamos,
opa! que não foi brinquedo,
mas os caminhos do amor,
só amor sabe trilhá-los.
Tão ralo prazer te dei,
nenhum, talvez . . . ou senão,
esperança de prazer,
é, pode ser que te desse
a neutra satisfação
de alguém sentir que seu filho,
de tão inútil, seria
sequer um sujeito ruim.
Não sou um sujeito ruim.
Descansa, se o suspeitavas,
mas não sou lá essas coisas.
Alguns afetos recortam
o meu coração chateado.
Se me chateio? demais.
Esse é meu mal. Não herdei
de ti essa balda. Bem,

nor did it turn out that bad).
Yes, that he is me.
Take note: I've every flaw
I couldn't find in you
and none of the flaws (much less
the virtues) that were yours.
No matter: I'm your son
in my negative way
of affirming you.
We fought, my God, how
we fought! Serious stuff,
but only love knows how
to walk the paths of love.
Any pleasure I gave you
was feeble . . . perhaps no more
than the hope of pleasure.
Yes, perhaps I gave you
the neutral satisfaction
of feeling that your son
was even too inept
to become a nasty person.
I'm not a nasty person.
If you had doubts, rest easy,
that's not my nature.
A few affections thread
my jaded heart. Do I
get jaded? Exceedingly.
That's my weak point, a fault
I didn't get from you.

não me olhes tão longo tempo,
que há muitos a ver ainda.
Há oito. E todos minúsculos,
todos frustrados. Que flora
mais triste fomos achar
para ornamento de mesa!
Qual nada. De tão remotos,
de tão puros e esquecidos
no chão que suga e transforma,
são anjos. Que luminosos!
que raios de amor radiam,
e em meio a vagos cristais,
o cristal deles retine,
reverbera a própria sombra.
São anjos que se dignaram
participar do banquete,
alisar o tamborete,
viver vida de menino.
São anjos; e mal sabias
que um mortal devolve a Deus
algo de sua divina
substância aérea e sensível,
se tem um filho e se o perde.
Conta: catorze na mesa.
Ou trinta? serão cinquenta,
que sei? se chegam mais outros,
uma carne cada dia
multiplicada, cruzada
a outras carnes de amor.

Enough of me, there are still
eight more of us for you
to see —all puny, all
cut short. What sorry
flora we found to adorn
the table! But it's not true.
So remote, so pure,
so forgotten in the ground
that swallows and transforms,
they're angels —bright angels
emitting rays of love,
and amid the blur of crystal
their crystal also rings,
reverberating its own
shadow. They're angels who deigned
to grace our banquet, to sit here
on stools. They're angels. And you
had no idea that when
a mortal loses a child,
he's giving back to God
something of his airy,
sensitive, divine substance.
Count us: fourteen at the table.
Or thirty? Maybe fifty
if still more kin arrive
from our daily multiplied
flesh that couples and crosses
with other loving flesh.

São cinquenta pecadores,
se pecado é ter nascido
e provar, entre pecados,
os que nos foram legados.
A procissão de teus netos,
alongando-se em bisnetos,
veio pedir tua bênção
e comer de teu jantar.
Repara um pouquinho nesta,
no queixo, no olhar, no gesto,
e na consciência profunda
e na graça menineira,
e dize, depois de tudo,
se não é, entre meus erros,
uma imprevista verdade.
Esta é minha explicação,
meu verso melhor ou único,
meu tudo enchendo meu nada.
Agora a mesa repleta
está maior do que a casa.
Falamos de boca cheia,
xingamo-nos mutuamente,
rimos, ai, de arrebentar,
esquecemos o respeito
terrível, inibidor,
e toda a alegria nossa,
ressecada em tantos negros
bródios comemorativos
(não convém lembrar agora),

There are fifty sinners,
if sin is having been born
and knowing the taste of sins
handed down to us.
The train of grandchildren
followed by great-grandchildren
has come to ask your blessing
and take part in your dinner.
Look at this child here,
at her chin, her eyes, her expression,
at her solemn self-awareness
and her girlish grace,
and tell me if she isn't,
in the midst of all my errors,
an unexpected truth.
She's my explanation,
my best or only verse,
my all that fills my nothing.
Now the crowded table
is larger than the house.
We talk with our mouths full,
we lay into each other,
we laugh until we cry,
we forget about the harsh
inhibitor called respect,
and all our happiness,
so often withered in somber
commemorative feasts
(now's not the time to remember),

os gestos acumulados
de efusão fraterna, atados
(não convém lembrar agora),
as fina-e-meigas palavras
que ditas naquele tempo
teriam mudado a vida
(não convém mudar agora),
vem tudo à mesa e se espalha
qual inédita vitualha.
Oh que ceia mais celeste
e que gozo mais do chão!
Quem preparou? que inconteste
vocação de sacrifício
pôs a mesa, teve os filhos?
quem se apagou? quem pagou
a pena deste trabalho?
quem foi a mão invisível
que traçou este arabesco
de flor em torno ao pudim,
como se traça uma auréola?
quem tem auréola? quem não
a tem, pois que, sendo de ouro,
cuida logo em reparti-la,
e se pensa melhor faz?
quem senta do lado esquerdo,
assim curvada? que branca,
mas que branca mais que branca
tarja de cabelos brancos
retira a cor das laranjas,

all the would-be gestures
of brotherly feeling, abandoned
(now's not the time to remember),
and the soft-and-tender words
that would have changed our lives
had they been spoken back then
(now's not the time for change),
it all spreads around the table,
like a new kind of food.
Oh what a heavenly supper
and what down-to-earth pleasure!
Who made it? What undeniable
vocation of self-sacrifice
set the table, had the children?
Who hardly lived? Who paid
for all of this with tireless labor?
Whose invisible hand
traced this flowery flourish
around the pudding as if
tracing a halo? Who has
a halo? Who doesn't have one,
since right away she thinks
of sharing her halo's gold,
and what she thinks, she does?
Who's sitting to your left
with head bowed? Whose white
—so white it's whiter-than-white—
head of white hair
bleeds the color from the oranges,

anula o pó do café,

cassa o brilho aos serafins?

quem é toda luz e é branca?

Decerto não pressentias

como o branco pode ser

uma tinta mais diversa

da mesma brancura . . . Alvura

elaborada na ausência

de ti, mas ficou perfeita,

concreta, fria, lunar.

Como pode nossa festa

ser de um só que não de dois?

Os dois ora estais reunidos

numa aliança bem maior

que o simples elo da terra.

Estais juntos nesta mesa

de madeira mais de lei

que qualquer lei da república.

Estais acima de nós,

acima deste jantar

para o qual vos convocamos

por muito—enfim—vos querermos

e, amando, nos iludirmos

junto da mesa

                    vazia.

bleaches the coffee, and annuls
the shimmer of the seraphim?
Who's all light and sheer white?
Surely you never imagined
how a shade of white could be
so different from whiteness
itself . . . An absolute white
created in your absence,
but here it is, and it's perfect,
concrete, and cold as the moon.
How can our party be just
for one of you, not for both?
Now you're reunited,
the two of you bound tighter
than earthly vows can bind.
You're together at this table
whose wood is truer and harder
than any law of the nation.
And you're above us,
above this dinner to which
we summoned you because
we love you after all
and, loving, fool ourselves
next to this empty
                    table.

CONVÍVIO

Cada dia que passa incorporo mais esta verdade, de que eles não vivem
    senão em nós
e por isso vivem tão pouco; tão intervalado; tão débil.
Fora de nós é que talvez deixaram de viver, para o que se chama tempo.
E essa eternidade negativa não nos desola.
Pouco e mal que eles vivam, dentro de nós, é vida não obstante.
E já não enfrentamos a morte, de sempre trazê-la conosco.

Mas, como estão longe, ao mesmo tempo que nossos atuais habitantes
e nossos hóspedes e nossos tecidos e a circulação nossa!
A mais tênue forma exterior nos atinge.
O próximo existe. O pássaro existe.
E eles também existem, mas que oblíquos! e mesmo sorrindo, que
    disfarçados . . .

Há que renunciar a toda procura.
Não os encontraríamos, ao encontrá-los.
Ter e não ter em nós um vaso sagrado,
um depósito, uma presença contínua,
esta é nossa condição, enquanto,
sem condição, transitamos
e julgamos amar
e calamo-nos.

Ou talvez existamos somente neles, que são omissos, e nossa existência,
apenas uma forma impura de silêncio, que preferiram.

COEXISTENCE

The more I live, the more I embody this truth: they don't live except
    in us,
and that's why they scarcely, faintly, and intermittently live.
Outside of us, in what we call time, they may have ceased to live.
And this negative eternity doesn't distress us.
However scarcely and poorly they live inside us, it's still life.
And we no longer have to face death, since we carry it around.

But how distant they are, even if they're our current guests
and residents, our tissues and our blood!
The wispiest external form reaches us.
The man over there exists. The bird exists.
And they also exist, but so obliquely! And even smiling, how they
    dissemble!

It's better to stop searching.
We wouldn't find them, even if we found them.
To have and not have a holy vessel within us,
a repository, an ongoing presence:
such is our condition while,
without the right conditions, we move through life
and think we love
and then are still.

Or perhaps we only exist in them, who've gone missing, and our existence
is but an impure form of silence, which they preferred.

A MÁQUINA DO MUNDO

E como eu palmilhasse vagamente
uma estrada de Minas, pedregosa,
e no fecho da tarde um sino rouco

se misturasse ao som de meus sapatos
que era pausado e seco; e aves pairassem
no céu de chumbo, e suas formas pretas

lentamente se fossem diluindo
na escuridão maior, vinda dos montes
e de meu próprio ser desenganado,

a máquina do mundo se entreabriu
para quem de a romper já se esquivava
e só de o ter pensado se carpia.

Abriu-se majestosa e circunspecta,
sem emitir um som que fosse impuro
nem um clarão maior que o tolerável

pelas pupilas gastas na inspeção
contínua e dolorosa do deserto,
e pela mente exausta de mentar

toda uma realidade que transcende
a própria imagem sua debuxada
no rosto do mistério, nos abismos.

THE MACHINE OF THE WORLD

And as I slowly rambled down
a stony road in Minas Gerais,
and late in the day a hoarse bell

blended with the dry, punctual
sound of my shoes, and as birds hovered
in the leaden sky, their black shapes

slowly dissolving into the larger
darkness that came from the hills
and from my own disillusioned self,

the Machine of the World began to open
for one who'd lost all desire to breach it
and mourned for once having wanted to.

Majestic and circumspect it opened,
without emitting one impure sound
nor more light than could be suffered

by these pupils sore from scanning
so much desert, or this mind
exhausted from imagining

an entire reality that transcends
its selfsame image drawn
on the face of mystery, in the depths.

Abriu-se em calma pura, e convidando
quantos sentidos e intuições restavam
a quem de os ter usado os já perdera

e nem desejaria recobrá-los,
se em vão e para sempre repetimos
os mesmos sem roteiro tristes périplos,

convidando-os a todos, em coorte,
a se aplicarem sobre o pasto inédito
da natureza mítica das coisas,

assim me disse, embora voz alguma
ou sopro ou eco ou simples percussão
atestasse que alguém, sobre a montanha,

a outro alguém, noturno e miserável,
em colóquio se estava dirigindo:
"O que procuraste em ti ou fora de

teu ser restrito e nunca se mostrou,
mesmo afetando dar-se ou se rendendo,
e a cada instante mais se retraindo,

olha, repara, ausculta: essa riqueza
sobrante a toda pérola, essa ciência
sublime e formidável, mas hermética,

With perfect calm it opened, and bidding
whatever senses and intuitions
remained to one who'd worn them out

and no longer wished to recover them,
since over and over in vain we repeat
the same sad journeys to nowhere—

bidding those remnants, one and all,
to feast on this unheard-of meal
and taste the mythic nature of things,

it said to me, although no voice
or breath or whisper or simple noise
suggested that someone, above the mountain,

was making this speech to another someone,
disconsolate and filled with night:
"What you've sought in yourself or outside

your limited self and never been shown,
at times being fooled, as if you were close,
even as it drew farther away,

look, take note, listen: that treasure
worth more than any pearl, that noble
and mighty but hermetic science,

essa total explicação da vida,
esse nexo primeiro e singular,
que nem concebes mais, pois tão esquivo

se revelou ante a pesquisa ardente
em que te consumiste . . . vê, contempla,
abre teu peito para agasalhá-lo."

As mais soberbas pontes e edifícios,
o que nas oficinas se elabora,
o que pensado foi e logo atinge

distância superior ao pensamento,
os recursos da terra dominados,
e as paixões e os impulsos e os tormentos

e tudo que define o ser terrestre
ou se prolonga até nos animais
e chega às plantas para se embeber

no sono rancoroso dos minérios,
dá volta ao mundo e torna a se engolfar
na estranha ordem geométrica de tudo,

e o absurdo original e seus enigmas,
suas verdades altas mais que todos
monumentos erguidos à verdade;

that total explanation of life,
that first and singular nexus, which now
you can't even conceive, so elusive

was it while you spent your strength
in ardent research . . . go ahead, look at it,
open your breast to give it shelter."

The stateliest bridges and buildings,
the things created in workshops,
the things that, born of thought, travel

far beyond our thinking,
the harnessing of earth's resources,
our passions, torments, and impulses

and all that defines our earthly being
and perhaps extends to animals
and reaches plants to be absorbed

in the rancorous sleep of mineral ores,
circling the world before sinking back
into the strange geometrical order

of all that is, and the primordial
absurdity, its riddles, its truths
above all monuments raised to truth,

e a memória dos deuses, e o solene
sentimento de morte, que floresce
no caule da existência mais gloriosa,

tudo se apresentou nesse relance
e me chamou para seu reino augusto,
afinal submetido à vista humana.

Mas, como eu relutasse em responder
a tal apelo assim maravilhoso,
pois a fé se abrandara, e mesmo o anseio,

a esperança mais mínima—esse anelo
de ver desvanecida a treva espessa
que entre os raios do sol inda se filtra;

como defuntas crenças convocadas
presto e fremente não se produzissem
a de novo tingir a neutra face

que vou pelos caminhos demonstrando,
e como se outro ser, não mais aquele
habitante de mim há tantos anos,

passasse a comandar minha vontade
que, já de si volúvel, se cerrava
semelhante a essas flores reticentes

and the gods from every age, and the solemn
feeling of death, which also thrives
on the stalk of the most sublime existence—

all of it appeared to me in that flash
and summoned me to its august realm,
submitted at last to human vision.

But since I was slow to respond
to that so wondrous invitation,
my faith having waned, and even my yearning,

even my slightest hope—the wish
that the trace of gloomy dark still lurking
amid the sun's bright rays would vanish;

and since my dead beliefs, when summoned,
did not in frenzied haste emerge
to color once more the neutral face

I wear on the paths I follow;
and as if another self, in place of
the one who has lived in me for years,

had taken over my already fickle
will, which promptly and tightly closed
like one of those reticent flowers

em si mesmas abertas e fechadas;
como se um dom tardio já não fora
apetecível, antes despiciendo,

baixei os olhos, incurioso, lasso,
desdenhando colher a coisa oferta
que se abria gratuita a meu engenho.

A treva mais estrita já pousara
sobre a estrada de Minas, pedregosa,
e a máquina do mundo, repelida,

se foi miudamente recompondo,
enquanto eu, avaliando o que perdera,
seguia vagaroso, de mãos pensas.

both open and shut within themselves,
as if a belated gift had ceased
to appeal and instead deserved disdain,

I lowered my eyes, indifferent, tired,
scorning the thing that had opened up
to give itself to my understanding.

The sternest dark had already settled
on the stony road of Minas Gerais,
and the Machine of the World, rejected,

put itself carefully back together
while I went on my way, hands
at my sides, weighing what I had lost.

CAMPO DE FLORES

Deus me deu um amor no tempo de madureza,
quando os frutos ou não são colhidos ou sabem a verme.
Deus—ou foi talvez o Diabo—deu-me este amor maduro,
e a um e outro agradeço, pois que tenho um amor.

Pois que tenho um amor, volto aos mitos pretéritos
e outros acrescento aos que amor já criou.
Eis que eu mesmo me torno o mito mais radioso
e talhado em penumbra sou e não sou, mas sou.

Mas sou cada vez mais, eu que não me sabia
e cansado de mim julgava que era o mundo
um vácuo atormentado, um sistema de erros.
Amanhecem de novo as antigas manhãs
que não vivi jamais, pois jamais me sorriram.

Mas me sorriam sempre atrás de tua sombra
imensa e contraída como letra no muro
e só hoje presente.
Deus me deu um amor porque o mereci.
De tantos que já tive ou tiveram em mim,
o sumo se espremeu para fazer um vinho
ou foi sangue, talvez, que se armou em coágulo.

E o tempo que levou uma rosa indecisa
a tirar sua cor dessas chamas extintas

FIELD OF FLOWERS

God gave me a love when, late in the season,
fruit isn't harvested, or it tastes wormy.
God—or the Devil?—gave me this late love,
and I thank them both, because I have a love.

Because I have a love, I take up the old myths
created by love, and I add a few new ones.
I become a myth more radiant than any
and, sculpted in dusk, I am and am not, but I am.

But I am, more and more, I, who was tired
of a self I didn't know and who deemed the world
a tortured void, a system of errors.
The long-ago mornings that I never lived,
since for me they never smiled, are dawning again.

But they always smiled from behind your shadow,
vast and contracted like a letter on the wall
and now present at last.
God gave me a love because I deserved it.
From all the loves I've had, or that had me,
the juice was squeezed to make a wine,
or perhaps this is a product of clotted blood.

And the time it took a hesitant rose
to extract its color from those spent flames

era o tempo mais justo. Era tempo de terra.
Onde não há jardim, as flores nascem de um
secreto investimento em formas improváveis.

Hoje tenho um amor e me faço espaçoso
para arrecadar as alfaias de muitos
amantes desgovernados, no mundo, ou triunfantes,
e ao vê-los amorosos e transidos em torno,
o sagrado terror converto em jubilação.

Seu grão de angústia amor já me oferece
na mão esquerda. Enquanto a outra acaricia
os cabelos e a voz e o passo e a arquitetura
e o mistério que além faz os seres preciosos
à visão extasiada.

Mas, porque me tocou um amor crepuscular,
há que amar diferente. De uma grave paciência
ladrilhar minhas mãos. E talvez a ironia
tenha dilacerado a melhor doação.
Há que amar e calar.
Para fora do tempo arrasto meus despojos
e estou vivo na luz que baixa e me confunde.

was the right time. It was earthly time.
Where there's no garden, flowers sprout from a
secret investment in unlikely forms.

Today I have a love and make room in myself
to collect the paraphernalia of the many lovers,
disastrous and triumphant, the world has known,
and seeing them all around me possessed by passion,
I convert holy fear into jubilation.

Love's left hand is already giving me
its grain of anxiety, while its other hand fondles
the hair, the voice, the step, the architecture,
and the immortal mystery that makes someone wondrous
to our enraptured vision.

But since I was touched by a twilight love,
I must love differently, paving my hands
with a grave patience. And it may be that irony
has torn and distorted this greatest of gifts.
I must love and say nothing.
Outside of time I drag my remains,
alive in this declining, confounding light.

FAZENDEIRO DO AR

FARMER IN THE CLOUDS

(1954)

DOMICÍLIO

    . . . O apartamento abria
janelas para o mundo. Crianças vinham
colher na maresia essas notícias
da vida por viver ou da inconsciente

saudade de nós mesmos. A pobreza
da terra era maior entre os metais
que a rua misturava a feios corpos,
duvidosos, na pressa. E do terraço

em solitude os ecos refluíam
e cada exílio em muitos se tornava
e outra cidade fora da cidade

na garra de um anzol ia subindo,
adunca pescaria, mal difuso,
problema de existir, amor sem uso.

DOMICILE

... The apartment opened
windows to the world. Children came
to glean from the ocean air the news
of life to be lived or of that inner life

we forget we're missing. The poverty
of earth was greater among the metals
mixed up on the street with ugly bodies
in a hurry, unsure. The echoes receded

in solitude from the terrace,
and every exile turned into many,
and another city outside the city

rose slowly on a fishhook, a crooked
catch, a widespread ill, a problem
of existing, unused love.

O QUARTO EM DESORDEM

Na curva perigosa dos cinquenta
derrapei neste amor. Que dor! que pétala
sensível e secreta me atormenta
e me provoca à síntese da flor

que não se sabe como é feita: amor,
na quinta-essência da palavra, e mudo
de natural silêncio já não cabe
em tanto gesto de colher e amar

a nuvem que de ambígua se dilui
nesse objeto mais vago do que nuvem
e mais defeso, corpo! corpo, corpo,

verdade tão final, sede tão vária,
e esse cavalo solto pela cama,
a passear o peito de quem ama.

CHAOS IN THE BEDROOM

Reaching the dangerous curve of my fifties
I skidded into this love. How dire!
How sensitive and secret a petal
torments me and makes me synthesize

this flower whose growth is a mystery: love
in the quintessence of the word, and mum
with natural silence, too busy plucking
and loving to accommodate the ambiguous

cloud that dissipates in that object
still hazier than a cloud and more
taboo: the body! the body, the body,

the ultimate truth, that unruly thirst,
and in my bed the wild horse bucks,
thumping the chest of a man in love.

ETERNO

E como ficou chato ser moderno.
Agora serei eterno.

Eterno! Eterno!
O Padre Eterno,
a vida eterna,
o fogo eterno.

(*Le silence éternel de ces espaces infinis m'effraie.*)

—*O que é eterno, Yayá Lindinha?*
—*Ingrato! é o amor que te tenho.*

Eternalidade eternite eternaltivamente
       eternuávamos
          eternissíssimo
A cada instante se criam novas categorias do eterno.

Eterna é a flor que se fana
se soube florir
é o menino recém-nascido
antes que lhe deem nome
e lhe comuniquem o sentimento do efêmero
é o gesto de enlaçar e beijar

ETERNAL

And how boring, after all, it is to be modern.
Now I'll be eternal.

Eternal! Eternal!
The Eternal Father,
eternal life,
eternal fire.

The eternal silence of these infinite spaces frightens me.
(Pascal)

"But what's eternal, Yayá Lindinha?"
"My love for you, that's what. Ingrate!"
(Machado de Assis)

Eternality eternalitis eternalemic
　　　　　eternalate
　　　　　　　eternalific
New forms of the eternal are forever popping up.

Eternal is the flower that withers
if it managed to bloom
it's the newborn boy
before he's given a name
and a sense of the ephemeral
it's the act of embracing and kissing

na visita do amor às almas
eterno é tudo aquilo que vive uma fração de segundo
mas com tamanha intensidade que se petrifica e nenhuma força o resgata
é minha mãe em mim que a estou pensando
de tanto que a perdi de não pensá-la
é o que se pensa em nós se estamos loucos
é tudo que passou, porque passou
é tudo que não passa, pois não houve
eternas as palavras, eternos os pensamentos; e passageiras as obras.
Eterno, mas até quando? é esse marulho em nós de um mar profundo.
Naufragamos sem praia; e na solidão dos botos afundamos.
É tentação e vertigem; e também a pirueta dos ébrios.

Eternos! Eternos, miseravelmente.
O relógio no pulso é nosso confidente.

Mas não quero ser senão eterno.
Que os séculos apodreçam e não reste mais do que uma essência
ou nem isso.
E que eu desapareça mas fique este chão varrido onde pousou uma
    sombra
e que não fique o chão nem fique a sombra
mas que a precisão urgente de ser eterno boie como uma esponja no caos
e entre oceanos de nada
gere um ritmo.

when love visits two souls
eternal is whatever lives for a split second
but so intensely it crystallizes and no force can dissolve it
it's my mother I'm thinking of at this moment
for having so lost her by not thinking of her
it's what thinks in us if we're insane
it's all that happened, because it happened
it's all that doesn't happen, because it never existed
eternal is the word, eternal the thought. Works are transitory.
Eternal, but till when? It's that surge in us from a deep sea.
We shipwreck without a beach, and in the solitude of dolphins we drown.
It's temptation and vertigo, and it's also the drunk's pirouette.

We're eternal! Miserably eternal.
Our wristwatch is our confidant.

But I only want to be eternal.
Let the centuries rot and leave nothing but an essence
or not even that.
And let me vanish too, but not this swept floor where a shadow rested,
and away with the floor away with the shadow
I ask only that the urgent need to be eternal bob like a sponge in the
    chaos,
creating a rhythm
between oceans of nothing.

O ENTERRADO VIVO

É sempre no passado aquele orgasmo,
é sempre no presente aquele duplo,
é sempre no futuro aquele pânico.

É sempre no meu peito aquela garra.
É sempre no meu tédio aquele aceno.
É sempre no meu sono aquela guerra.

É sempre no meu trato o amplo distrato.
Sempre na minha firma a antiga fúria.
Sempre no mesmo engano outro retrato.

É sempre nos meus pulos o limite.
É sempre nos meus lábios a estampilha.
É sempre no meu não aquele trauma.

Sempre no meu amor a noite rompe.
Sempre dentro de mim meu inimigo.
E sempre no meu sempre a mesma ausência.

BURIED ALIVE

It's always in the past, that orgasm.
Always in the present, that double.
Always in the future, that panic.

Always in my chest digs that claw.
Always in my boredom waves that hand.
Always in my sleep there's war.

Always in my dealings, no deal at all.
Always in my signature, that old fury.
Always the same error, with a new likeness.

Always in my leaps there's that limit.
Always on my lips, a wax seal.
Always in my no, that trauma.

Always in my love, sudden night.
Always in myself, my enemy.
And always in my always, the same absence.

ELEGIA

Ganhei (perdi) meu dia.
E baixa a coisa fria
também chamada noite, e o frio ao frio
em bruma se entrelaça, num suspiro.

E me pergunto e me respiro
na fuga deste dia que era mil
para mim que esperava
os grandes sóis violentos, me sentia
tão rico deste dia
e lá se foi secreto, ao serro frio.

Perdi minha alma à flor do dia ou já perdera
bem antes sua vaga pedraria?
Mas quando me perdi, se estou perdido
antes de haver nascido
e me nasci votado à perda
de frutos que não tenho nem colhia?

Gastei meu dia. Nele me perdi.
De tantas perdas uma clara via
por certo se abriria
de mim a mim, estela fria.
As árvores lá fora se meditam.
O inverno é quente em mim, que o estou berçando,
e em mim vai derretendo
este torrão de sal que está chorando.

ELEGY

I've earned (I've lost) my day.
And that cold thing called night
falls, and the cold blends with cold
to make fog, in a breath.

And I question myself and breathe that same self
in the parting of this day that was a thousand
for me who expected
big, explosive suns. I felt rich
with this day, and there it quietly went,
behind the cold ridge.

Did I lose my soul in the prime of day, or had I lost
that vague treasure in a prior age?
But why wonder when, if I was lost
before birth
and in birth I woke up to a life of losing
fruits I never had and would never harvest?

I spent my day. And lost myself.
Out of so many losses a clear path
was bound to open
from me to me, a cold headstone.
The trees outside reflect on their treeness.
In me the winter's warm, since I cradle it,
and it melts in me
this crying lump of salt.

Ah, chega de lamento e versos ditos
ao ouvido de alguém sem rosto e sem justiça,
ao ouvido do muro,
ao liso ouvido gotejante
de uma piscina que não sabe o tempo, e fia
seu tapete de água, distraída.

E vou me recolher
ao cofre de fantasmas, que a notícia
de perdidos lá não chegue nem açule
os olhos policiais do amor-vigia.
Não me procurem que me perdi eu mesmo
como os homens se matam, e as enguias
à loca se recolhem, na água fria.

Dia,
espelho de projeto não vivido,
e contudo viver era tão flamas
na promessa dos deuses; e é tão ríspido
em meio aos oratórios já vazios
em que a alma barroca tenta confortar-se
mas só vislumbra o frio noutro frio.

Meu Deus, essência estranha
ao vaso que me sinto, ou forma vã,
pois que, eu essência, não habito
vossa arquitetura imerecida;
meu Deus e meu conflito,
nem vos dou conta de mim nem desafio

Oh, enough laments and verses uttered
to the ear of a faceless being without justice,
to the ear of a wall,
to the smooth, dripping ear
of a pool that distractedly weaves
its watery rug, indifferent to time.

I'm going to retreat
to the strongbox of ghosts, where news
of the lost can't reach me nor catch the attention
of watchful love's patrolling eyes.
Don't look for me: I've lost myself
as some men kill themselves, and eels
retreat to their cold-water dens.

Day:
a mirror of what I didn't live,
and yet the life the gods promised
was so vibrant; and it is so austere
amid deserted chapels
where a baroque soul seeking comfort
discerns, in the coldness, only more coldness.

My God, essence extraneous
to the vessel or useless form I feel is me,
since I, in my essence, am not fit
to inhabit your lofty architecture;
my God and my conflict,
I don't plead my cause or defy

as garras inefáveis: eis que assisto
a meu desmonte palmo a palmo e não me aflijo
de me tornar planície em que já pisam
servos e bois e militares em serviço
da sombra, e uma criança
que o tempo novo me anuncia e nega.

Terra a que me inclino sob o frio
de minha testa que se alonga,
e sinto mais presente quanto aspiro
em ti o fumo antigo dos parentes,
minha terra, me tens; e teu cativo
passeias brandamente
como ao que vai morrer se estende a vista
de espaços luminosos, intocáveis:
em mim o que resiste são teus poros.
Corto o frio da folha. Sou teu frio.

E sou meu próprio frio que me fecho
longe do amor desabitado e líquido,
amor em que me amaram, me feriram
sete vezes por dia em sete dias
de sete vidas de ouro,
amor, fonte de eterno frio,
minha pena deserta, ao fim de março,
amor, quem contaria?
E já não sei se é jogo, ou se poesia.

your ineffable claws. I witness
my slow dissolution, resigned
to becoming open country treaded on
by serfs, oxen, and soldiers in the service
of darkness, and by a child
the new era promises but denies me.

Earth I bow to, under the cold
of my brow growing longer in time,
earth I feel closer to, the more I inhale
the ancient scent of my relatives in you,
earth that's my earth, I'm yours; and indulgently
you stroll your captive
even as men doomed to die are given
to see luminous, untouchable expanses:
what in me still resists are your pores.
I cut the leaf's coldness. I am your coldness.

And I'm my own cold closing in on me,
far from the liquid love I fled,
the love of others loving me, wounding me,
seven times a day seven days out of seven
in seven golden lives,
love, fountain of eternal cold,
my pain and pen abandoned, at the end of March,
love, who'd tell the story?
And I don't know if it's a game, or poetry.

A VIDA PASSADA A LIMPO

FAIR COPY OF LIFE

(1959)

NUDEZ

Não cantarei amores que não tenho,
e, quando tive, nunca celebrei.
Não cantarei o riso que não rira
e que, se risse, ofertaria a pobres.
Minha matéria é o nada.
Jamais ousei cantar algo de vida:
se o canto sai da boca ensimesmada,
é porque a brisa o trouxe, e o leva a brisa,
nem sabe a planta o vento que a visita.

Ou sabe? Algo de nós acaso se transmite,
mas tão disperso, e vago, tão estranho,
que, se regressa a mim que o apascentava,
o ouro suposto é nele cobre e estanho,
estanho e cobre,
e o que não é maleável deixa de ser nobre,
nem era amor aquilo que se amava.

Nem era dor aquilo que doía;
ou dói, agora, quando já se foi?
Que dor se sabe dor, e não se extingue?
(Não cantarei o mar: que ele se vingue
de meu silêncio, nesta concha.)
Que sentimento vive, e já prospera
cavando em nós a terra necessária
para se sepultar à moda austera

NAKEDNESS

I won't sing of loves that I don't have
and didn't celebrate when I had them.
I won't sing of laughs never laughed
and which, if laughed, I'd give to the poor.
My subject matter is nothingness.
I've never dared sing about things from life.
If a song comes out of my self-centered mouth,
the breeze brought it, and will take it away,
nor does the plant know what wind shakes it.

Or does it? Something of us is imparted,
but it's so hazy, scattered, and strange
that if it comes back to me, who launched it,
its supposed gold is tin and copper,
copper and tin,
and what's not malleable isn't noble,
and what was loving wasn't love.

And what was hurting wasn't pain,
or does it still hurt, after it's gone?
What pain, knowing it's pain, doesn't cease?
(I won't sing of the sea; let it avenge
my silence through this seashell.)
What feeling lives and already thrives
by digging in us enough ground
to bury itself with the grim resolve

de quem vive sua morte?
Não cantarei o morto: é o próprio canto.
E já não sei do espanto,
da úmida assombração que vem do norte
e vai do sul, e, quatro, aos quatro ventos,
ajusta em mim seu terno de lamentos.
Não canto, pois não sei, e toda sílaba
acaso reunida
a sua irmã, em serpes irritadas vejo as duas.

Amador de serpentes, minha vida
passarei, sobre a relva debruçado,
a ver a linha curva que se estende,
ou se contrai e atrai, além da pobre
área de luz de nossa geometria.
Estanho, estanho e cobre,
tais meus pecados, quanto mais fugi
do que enfim capturei, não mais visando
aos alvos imortais.

Ó descobrimento retardado
pela força de ver.
Ó encontro de mim, no meu silêncio,
configurado, repleto, numa casta
expressão de temor que se despede.
O golfo mais dourado me circunda
com apenas cerrar-se uma janela.
E já não brinco a luz. E dou notícia
estrita do que dorme,

of someone living his own death?
I won't sing that death: it's the selfsame song.
And I've quit caring about fear,
about the wet terror that comes from the north,
rises out of the south, and four-foldedly clads me
unto the four winds with its three-piece suit of sorrows.
I don't sing, for I don't know how, and when a syllable
happens to join up
with its sister, I see them as two vexed serpents.

A lover of snakes, I'll spend my life
bent over the grass, watching
the wavy line that lengthens, then
contracts and attracts, beyond the meager
area lit up by our geometry.
Tin, copper and tin,
just like my sins: how much I've fled
and how little I've captured, no longer aiming
at immortal targets.

O discovery delayed
by the imperative of seeing.
O encounter with myself, in my silence,
fully formed, complete, with a timid
expression of dread bidding farewell.
The most golden gulf surrounds me
with the mere shutting of a window.
And I've quit reveling in light. I only
report on what's sleeping,

sob placa de estanho, sonho informe,
um lembrar de raízes, ainda menos
um calar de serenos
desidratados, sublimes ossuários
sem ossos;
a morte sem os mortos; a perfeita
anulação do tempo em tempos vários,
essa nudez, enfim, além dos corpos,
a modelar campinas no vazio
da alma, que é apenas alma, e se dissolve.

beneath a sheet of tin, an amorphous dream,
a remembrance of roots, or even less,
a stillness of desiccated evening
dew, sublime charnel houses
without bones;
death without the dead; the perfect
dissolution of time in diverse times,
that ultimate nakedness, beyond bodies,
shaping meadows in the empty space
of the soul, which is only soul, and it ends.

OS PODERES INFERNAIS

O meu amor faísca na medula,
pois que na superfície ele anoitece.
Abre na escuridão sua quermesse.
É todo fome, e eis que repele a gula.

Sua escama de fel nunca se anula
e seu rangido nada tem de prece.
Uma aranha invisível é que o tece.
O meu amor, paralisado, pula.

Pulula, ulula. Salve, lobo triste!
Quando eu secar, ele estará vivendo,
já não vive de mim, nele é que existe

o que sou, o que sobro, esmigalhado.
O meu amor é tudo que, morrendo,
não morre todo, e fica no ar, parado.

THE INFERNAL POWERS

My love flickers inside the marrow,
while on the surface it has its night.
It opens its fair when darkness falls.
It's all hunger yet shuns gluttony.

Its scales of bile can't be removed,
and in its gnashing there's no prayer.
It's woven by an unseen spider.
My love, paralyzed, suddenly jumps.

It bolts, it howls. Hello, sad wolf!
After I've withered, it will be living:
it lives without me. Whatever survives

of what I am, distilled, exists
in it. My love is all that, dying,
doesn't all die: in the air it lingers.

ESPECULAÇÕES EM TORNO

DA PALAVRA HOMEM

Mas que coisa é homem,
que há sob o nome:
uma geografia?

um ser metafísico?
uma fábula sem
signo que a desmonte?

Como pode o homem
sentir-se a si mesmo,
quando o mundo some?

Como vai o homem
junto de outro homem,
sem perder o nome?

E não perde o nome
e o sal que ele come
nada lhe acrescenta

nem lhe subtrai
da doação do pai?
Como se faz um homem?

MEDITATIONS ON

THE WORD MAN

But what is man,
what's in the name?
A geography?

A metaphysical being?
A fable with no key
to unravel it?

How is man able
to feel himself
in a world so fleeting?

How can man
walk with other men
and not lose his name?

Does the salt he consumes
add nothing to him
and take nothing away

from what his father gave,
including his name?
How is a man made?

Apenas deitar,
copular, à espera
de que do abdômen

brote a flor do homem?
Como se fazer
a si mesmo, antes

de fazer o homem?
Fabricar o pai
e o pai e outro pai

e um pai mais remoto
que o primeiro homem?
Quanto vale o homem?

Menos, mais que o peso?
Hoje mais que ontem?
Vale menos, velho?

Vale menos, morto?
Menos um que outro,
se o valor do homem

é medida de homem?
Como morre o homem,
como começa a?

Sua morte é fome
que a si mesma come?
Morre a cada passo?

Just by lying down,
making love, and waiting
for the flower of man

to sprout from the belly?
How can one make
his own self

before making man?
By making his father
and father's father and other

fathers and a father
from before the first man?
How much is man worth?

Less or more than his weight?
More today than yesterday?
Less when he's old?

Less when he's dead?
One less than another,
since the worth of man

is a human measure?
How does man die?
How does he begin to?

Is his death a self-
consuming hunger?
Does he die with each step?

Quando dorme, morre?
Quando morre, morre?
A morte do homem

consemelha a goma
que ele masca, ponche
que ele sorve, sono

que ele brinca, incerto
de estar perto, longe?
Morre, sonha o homem?

Por que morre o homem?
Campeia outra forma
de existir sem vida?

Fareja outra vida
não já repetida,
em doido horizonte?

Indaga outro homem?
Por que morte e homem
andam de mãos dadas

e são tão engraçadas
as horas do homem?
Mas que coisa é homem?

Tem medo de morte,
mata-se, sem medo?
Ou medo é que o mata

Does he die when he sleeps?
Does he die when he dies?
Does the death of man

resemble the gum
he chews, the punch
he sips, the sleep

he plays at, unsure
if he's near or far?
Dying, does man dream?

Why does man die?
Does he seek a form
of existing without life?

Does he divine a different,
unrepeating life
in some crazy horizon?

Does he seek another man?
Why, if death and man
walk hand in hand,

are the hours of man
so comical?
But what is man?

Does he, fearing death,
kill himself without fear?
Or is fear what kills him

com punhal de prata,
laço de gravata,
pulo sobre a ponte?

Por que vive o homem?
Quem o força a isso,
prisioneiro insonte?

Como vive o homem,
se é certo que vive?
Que oculta na fronte?

E por que não conta
seu todo segredo
mesmo em tom esconso?

Por que mente o homem?
mente mente mente
desesperadamente?

Por que não se cala,
se a mentira fala,
em tudo que sente?

Por que chora o homem?
Que choro compensa
o mal de ser homem?

Mas que dor é homem?
Homem como pode
descobrir que dói?

with a silver dagger,
the slipknot of his tie,
a leap off the bridge?

Why does man live?
What forces him, an innocent
prisoner, to keep going?

How does man live,
if he really lives?
What does his brow hide?

Why doesn't he tell,
at least in an undertone,
the whole of his secret self?

Why does man lie?
desperately lie
and lie and lie?

Why doesn't he hush,
if falseness speaks
in all he feels?

Why does man cry?
What tears can ease
the pain of being man?

And what pain is man?
How can a man
discover he's hurting?

Há alma no homem?
E quem pôs na alma
algo que a destrói?

Como sabe o homem
o que é sua alma
e o que é alma anônima?

Para que serve o homem?
para estrumar flores,
para tecer contos?

Para servir o homem?
para criar Deus?
Sabe Deus do homem?

E sabe o demônio?
Como quer o homem
ser destino, fonte?

Que milagre é o homem?
Que sonho, que sombra?
Mas existe o homem?

Does man have a soul?
And who put something
in his soul that destroys it?

How does man know
what the soul is, his own
or another's?

What is man good for?
For fertilizing flowers,
for spinning stories?

For serving man?
For creating God?
Does God know about man?

And does the devil know?
What makes man think
he's a destiny, or origin?

What miracle is man?
What dream, what shadow?
But does man exist?

LIÇÃO DE COISAS

LESSON OF THINGS

(1962)

DESTRUIÇÃO

Os amantes se amam cruelmente
e com se amarem tanto não se veem.
Um se beija no outro, refletido.
Dois amantes que são? Dois inimigos.

Amantes são meninos estragados
pelo mimo de amar: e não percebem
quanto se pulverizam no enlaçar-se,
e como o que era mundo volve a nada.

Nada, ninguém. Amor, puro fantasma
que os passeia de leve, assim a cobra
se imprime na lembrança de seu trilho.

E eles quedam mordidos para sempre.
Deixaram de existir, mas o existido
continua a doer eternamente.

DESTRUCTION

Lovers love each other cruelly
and love too much to see each other.
They kiss, in the other, their own reflection.
What are two lovers? Two enemies.

Lovers are children spoiled rotten
by love's delights: they don't realize
how they crumble with each embrace,
and how what was world turns into nothing.

Nothing, nobody. Love's a pure phantom
that lightly passes over them,
like a snake imprinting its path on memory.

And they both remain forever bitten.
They've ceased to exist, but what existed
continues to ache eternally.

CERÂMICA

Os cacos da vida, colados, formam uma estranha xícara.

Sem uso,
ela nos espia do aparador.

PORCELAIN

The shards of life, glued together, form a strange teacup.

Unused,
it quietly observes us from the sideboard.

SCIENCE FICTION

O marciano encontrou-me na rua
e teve medo de minha impossibilidade humana.
Como pode existir, pensou consigo, um ser
que no existir põe tamanha anulação de existência?

Afastou-se o marciano, e persegui-o.
Precisava dele como de um testemunho.
Mas, recusando o colóquio, desintegrou-se
no ar constelado de problemas.

E fiquei só em mim, de mim ausente.

SCIENCE FICTION

A Martian ran into me on the street
and recoiled at my human impossibility.
How, he wondered, can there be a being
who so negates existence in the act of existing?

The Martian walked off, and I followed.
I needed him as a kind of proof.
But he refused to talk, vanishing
into the problem-studded atmosphere.

And I was left by myself, absent from myself.

A FALTA QUE AMA

THE LOVING ABSENCE

(1968)

O DEUS MAL INFORMADO

No caminho onde pisou um deus
há tanto tempo que o tempo não lembra
resta o sonho dos pés
                  sem peso
                  sem desenho.

Quem passe ali, na fração de segundo,
em deus se erige, insciente, deus faminto,
saudoso de existência.

Vai seguindo em demanda de seu rastro,
é um tremor radioso, uma opulência
de impossíveis, casulos do possível.

Mas a estrada se parte, se milparte,
a seta não aponta
destino algum, e o traço ausente
ao homem torna homem, novamente.

THE MISINFORMED GOD

On the road where a god walked
so long ago time has forgotten it
the dream of the god's feet lingers
                                    weightless
                                    traceless.

Whoever goes that way becomes,
in a twinkling, a god unawares, a hungry
god, wistful for existence.

He keeps on, searching for his ancient
trail, a glowing tremor, a wealth
of impossibilities, cocoons of the possible.

But the road divides into a thousand roads,
the arrow points
nowhere, and the vanished trace
turns man once more into man.

A VOZ

Uma canção cantava-se a si mesma
na rua sem foliões. Vinha no rádio?
Seu carnaval abstrato, flor de vento,
era provocação e nostalgia.

Tudo que já brincou brincava, trêmulo,
no vazio da tarde. E outros brinquedos,
futuros, se brincavam, lecionando
uma lição de festa sem motivo,

à terra imotivada. E o longo esforço,
pesquisa de sinal, busca entre sombras,
marinhagem na rota do divino,

cede lugar ao que, na voz errante,
procura introduzir em nossa vida
certa canção cantada por si mesma.

THE VOICE

A song was singing to itself
on a street without revelers. The radio?
Its abstract, wind-borne carnival
stirred excitement and nostalgia.

All that ever danced was dancing
in the empty afternoon. And other,
future dances danced, teaching
the unmotivated earth that feasting

needs no motive. And the long struggle,
the search for signs, the quest among shadows,
the doubtful voyage toward the divine,

all yields to what, in a roving voice,
a certain song that sings itself
seeks to bring into our life.

COMUNHÃO

Todos os meus mortos estavam de pé, em círculo,
eu no centro.
Nenhum tinha rosto. Eram reconhecíveis
pela expressão corporal e pelo que diziam
no silêncio de suas roupas além da moda
e de tecidos; roupas não anunciadas
nem vendidas.
Nenhum tinha rosto. O que diziam
escusava resposta,
ficava parado, suspenso no salão, objeto
denso, tranquilo.
Notei um lugar vazio na roda.
Lentamente fui ocupá-lo.
Surgiram todos os rostos, iluminados.

COMMUNION

All my dead were standing in a circle,
with me in the middle.
None had a face. I recognized them
by their body language and by what they said
in the silence of their clothes beyond fashion
and fabrics—clothes neither advertised
nor sold.
None had a face. What they said
needed no answer,
hovering in the room as a peaceful,
dense object.
I noticed an empty spot in the circle.
I slowly went and filled it.
All the faces lit up, visible.

AS IMPUREZAS DO BRANCO

IMPURITIES OF WHITE

(1973)

DECLARAÇÃO EM JUÍZO

Peço desculpa de ser
o sobrevivente.
Não por longo tempo, é claro.
Tranquilizem-se.
Mas devo confessar, reconhecer
que sou sobrevivente.
Se é triste/cômico
ficar sentado na plateia
quando o espetáculo acabou
e fecha-se o teatro,
mais triste/grotesco é permanecer no palco,
ator único, sem papel,
quando o público já virou as costas
e somente baratas
circulam no farelo.

Reparem: não tenho culpa.
Não fiz nada para ser
sobrevivente.
Não roguei aos altos poderes
que me conservassem tanto tempo.
Não matei nenhum dos companheiros.
Se não saí violentamente,
se me deixei ficar ficar ficar,
foi sem segunda intenção.

DECLARATION IN COURT

I beg pardon for being
the survivor.
Not for long, of course.
Set your minds at rest.
But I have to acknowledge, to confess,
I'm a survivor.
If it's sad and comical
to keep sitting in the auditorium
after the show has ended
and the theater is closing,
it's sadder, and grotesque, to be the sole actor
left onstage, without a role,
after the audience has all gone home
and only cockroaches
circulate in the sawdust.

Please note: it's not my fault.
I didn't do anything to be
a survivor.
I didn't beseech the powers on high
to keep me going this long.
I didn't kill any companions.
If I didn't make a noisy exit,
if I just stayed on and on and on,
I had no ulterior motive.

Largaram-me aqui, eis tudo,
e lá se foram todos, um a um,
sem prevenir, sem me acenar,
sem dizer adeus, todos se foram.
(Houve os que requintaram no silêncio.)
Não me queixo. Nem os censuro.
Decerto não houve propósito
de me deixar entregue a mim mesmo,
perplexo,
desentranhado.
Não cuidaram de que um sobraria.
Foi isso. Tornei, tornaram-me
sobre-vivente.

Se se admiram de eu estar vivo,
esclareço: estou sobrevivo.
Viver, propriamente, não vivi
senão em projeto. Adiamento.
Calendário do ano próximo.
Jamais percebi estar vivendo
quando em volta viviam quantos! quanto.
Alguma vez os invejei. Outras, sentia
pena de tanta vida que se exauria no viver,
enquanto o não viver, o sobreviver
duravam, perdurando.
E me punha a um canto, à espera,
contraditória e simplesmente,
de chegar a hora de também
viver.

They left me here, that's all.

One by one they went away,

without warning, without waving at me,

without saying farewell, they disappeared.

(Some were veritable masters of silence.)

I'm not complaining. Nor do I reproach them.

It surely wasn't their intention

to leave me all on my own,

at a loss,

defenseless.

They didn't realize that one man would remain.

That's how I turned into—or they turned me into—

a remainder, a leftover.

If it amazes you that I'm still living,

let me clarify: I'm just outliving.

I never really lived except

in plans and projects. Postponements.

Next year's calendar.

I never saw the point of living

when so many around me lived so much!

Sometimes I envied them. Sometimes I felt sorry

to see so much life used up by living

when not-living, outliving,

is what endured.

And I stood in a corner,

simply and inconsistently

waiting for my turn

to live.

Não chegou. Digo que não. Tudo foram ensaios,
testes, ilustrações. A verdadeira vida
sorria longe, indecifrável.
Desisti. Recolhi-me
cada vez mais, concha, à concha. Agora
sou sobrevivente.

Sobrevivente incomoda
mais que fantasma. Sei: a mim mesmo
incomodo-me. O reflexo é uma prova feroz.
Por mais que me esconda, projeto-me,
devolvo-me, provoco-me.
Não adianta ameaçar-me. Volto sempre,
todas as manhãs me volto, viravolto
com exatidão de carteiro que distribui más notícias.
O dia todo é dia
de verificar o meu fenômeno.
Estou onde não estão
minhas raízes, meu caminho:
onde sobrei,
insistente, reiterado, aflitivo
sobrevivente
da vida que ainda
não vivi, juro por Deus e o Diabo, não vivi.

Tudo confessado, que pena
me será aplicada, ou perdão?
Desconfio nada pode ser feito
a meu favor ou contra.

It never came. Cross my heart. There were rehearsals,
trial runs, illustrations, that's all. Real life
smiled from afar, inscrutable.
I gave up. I withdrew
more and more, like a shellfish into its shell. Now
I'm a survivor.

A survivor is more disconcerting
than a ghost. I know: I disconcert myself.
One's own reflection is a ruthless accuser.
However much I hide from the world, I project
my own person, who looks back and taunts me.
It's useless to threaten him. He always returns,
every morning I return, I come back to me
with the regularity of a postman bringing bad news.
Every single day
confirms the strange phenomenon that's me.
My roots and my path
are not where I am,
where I've ended up,
a persistent, redundant, nagging
survivor
of the life I still haven't
lived, I swear to God and the Devil, I never lived.

Now that I've confessed, what will be
my punishment, or my pardon?
My hunch is nothing can be done
for or against me.

Nem há técnica
de fazer, desfazer
o infeito infazível.
Se sou sobrevivente, sou sobrevivente.
Cumpre reconhecer-me esta qualidade
que finalmente o é. Sou o único, entendem?
de um grupo muito antigo
de que não há memória nas calçadas
e nos vídeos.
Único a permanecer, a dormir,
a jantar, a urinar,
a tropeçar, até mesmo a sorrir
em rápidas ocasiões, mas garanto que sorrio,
como neste momento estou sorrindo
de ser—delícia?—sobrevivente.

É esperar apenas, está bem?
que passe o tempo de sobrevivência
e tudo se resolva sem escândalo
ante a justiça indiferente.
Acabo de notar, e sem surpresa:
não me ouvem no sentido de entender,
nem importa que um sobrevivente
venha contar seu caso, defender-se
ou acusar-se, é tudo a mesma
nenhuma coisa, e branca.

How to do or undo
the undoable not-done?
If I'm a survivor, I'm a survivor.
You have to allow me at least
this quality. I'm the only one, you see,
of a very old group
unremembered on the streets
and in video films.
Only I still linger, sleep,
dine, urinate,
stumble, and even smile
at odd moments, I assure you I smile,
like now, for instance, when I'm smiling
for being (with relish?) a survivor.

I'm just waiting—all right?—
for this time of surviving to end
and for everything to conclude without scandal
in the eyes of indifferent justice.
I've just noticed, without surprise,
that you hear but don't care if you understand me,
nor does it matter that a survivor
has come to present his case, to defend
or accuse himself, it's all the same
nothing at all, and void.

AMOR E SEU TEMPO

Amor é privilégio de maduros
estendidos na mais estreita cama,
que se torna a mais larga e mais relvosa,
roçando, em cada poro, o céu do corpo.

É isto, amor: o ganho não previsto,
o prêmio subterrâneo e coruscante,
leitura de relâmpago cifrado,
que, decifrado, nada mais existe

valendo a pena e o preço do terrestre,
salvo o minuto de ouro no relógio
minúsculo, vibrando no crepúsculo.

Amor é o que se aprende no limite,
depois de se arquivar toda a ciência
herdada, ouvida. Amor começa tarde.

THE TIME OF LOVE

Love is a privilege of maturity
stretched out on the narrowest bed,
which becomes the widest and grassiest,
arousing, in each pore, the body's heaven.

This is love: the unexpected gift,
the glittering buried prize unearthed,
the sight of encrypted lightning which,
deciphered, makes only one thing worth

the trouble and price of earthliness:
the minute of gold in the miniature clock,
quivering in the twilight.

Love is what we learn on the brink,
after we've archived all our inherited
and acquired science. Love begins late.

PAISAGEM: COMO SE FAZ

Esta paisagem? Não existe. Existe espaço
vacante, a semear
de paisagem retrospectiva.

A presença da serra, das imbaúbas,
das fontes, que presença?
Tudo é mais tarde.
Vinte anos depois, como nos dramas.

Por enquanto o ver não vê; o ver recolhe
fibrilhas de caminho, de horizonte,
e nem percebe que as recolhe
para um dia tecer tapeçarias
que são fotografias
de impercebida terra visitada.

A paisagem vai ser. Agora é um branco
a tingir-se de verde, marrom, cinza,
mas a cor não se prende a superfícies,
não modela. A pedra só é pedra
no amadurecer longínquo.
E a água deste riacho
não molha o corpo nu:
molha mais tarde.
A água é um projeto de viver.

HOW TO MAKE A LANDSCAPE

This landscape? It doesn't exist. What exists
is vacant space, to be planted
with landscape retrospectively.

The view of the mountains, the springs,
the cecropia trees? What view?
That all comes later.
Twenty years later, just like in dramas.

For now our seeing doesn't see; it gathers
slivers of road, strands of horizon,
without knowing that one day
it will weave them into tapestries,
like photographs,
of visited lands we didn't grasp.

A landscape takes time. It begins as a blank
space tinted by green, brown, and gray,
but the color doesn't stick to surfaces,
doesn't shape them. Stone is only stone
from the distance of much maturing.
And the water from this stream
doesn't cool naked bodies:
it cools them later.
Water is a project of living.

Abrir porteira. Range. Indiferente.
Uma vaca-silêncio. Nem a olho.
Um dia este silêncio-vaca, este ranger
baterão em mim, perfeitos,
existentes de frente,
de costas, de perfil,
tangibilíssimos. Alguém pergunta ao lado:
O que há com você?
E não há nada
senão o som-porteira, a vaca silenciosa.

Paisagem, país
feito de pensamento da paisagem,
na criativa distância espacitempo,
à margem de gravuras, documentos,
quando as coisas existem com violência
mais do que existimos: nos povoam
e nos olham, nos fixam. Contemplados,
submissos, delas somos pasto,
somos a paisagem da paisagem.

A gate opens. Creaks. Meaningless.
A cow in its silence. I don't even notice.
One day this cow's silence, this creaking,
will strike me in their phenomenal
perfection, wholly tangible,
in front and at the back and from the side.
Someone next to me asks:
What's with you?
And it's nothing
except the gate's sound, the silent cow.

Landscape: a land
made from thoughts of landscape
in the creative distance of space-time,
when things, without any prints
or documents, exist more fiercely
than we do: they colonize
and watch us, stare at us. Submissive
objects of regard, we are their pasture.
We are the landscape's landscape.

BOITEMPO

OXTIME

(THREE VOLUMES, 1968/1973/1979)

BIBLIOTECA VERDE

Papai, me compra a Biblioteca Internacional de Obras Célebres.
São só 24 volumes encadernados
em percalina verde.
Meu filho, é livro demais para uma criança.
Compra assim mesmo, pai, eu cresço logo.
Quando crescer eu compro. Agora não.
Papai, me compra agora. É em percalina verde,
só 24 volumes. Compra, compra, compra.
Fica quieto, menino, eu vou comprar.

Rio de Janeiro? Aqui é o Coronel.
Me mande urgente sua Biblioteca
bem acondicionada, não quero defeito.
Se vier com arranhão recuso, já sabe:
quero devolução de meu dinheiro.
Está bem, Coronel, ordens são ordens.
Segue a Biblioteca pelo trem de ferro,
fino caixote de alumínio e pinho.
Termina o ramal, o burro de carga
vai levando tamanho universo.

Chega cheirando a papel novo, mata
de pinheiros toda verde. Sou
o mais rico menino destas redondezas.
(Orgulho, não; inveja de mim mesmo.)
Ninguém mais aqui possui a coleção

Daddy, buy me the International Library of Famous Literature,
just 24 volumes, bound in green
percaline cloth.
Son, that's too much reading for a little boy.
Buy it anyway, Daddy, I'll grow up soon.
When you grow up, I'll buy it. Not now.
Daddy, buy it for me now. It comes in green percaline,
just 24 volumes. Buy it, buy it, buy it.
Calm down, boy, I'll buy it.

Rio de Janeiro? This is the Colonel.
Send me your Library posthaste.
Make sure it's well packed, I want it
in perfect condition. If it arrives with scratches
I'll refuse it and demand my money back.
No problem, Colonel, your wish is our command.
The Library is sent by train
in a fancy aluminum and pinewood crate.
From the end of the train line a pack mule
carries that enormous universe.

It arrives with the fragrance of brand-new
paper, a green pinewood forest.
I'm the richest boy in those parts.
(Not proud, just envious of myself.)
No one else around owns this collection

das Obras Célebres. Tenho de ler tudo.
Antes de ler, que bom passar a mão
no som da percalina, esse cristal
de fluida transparência: verde, verde.
Amanhã começo a ler. Agora não.

Agora quero ver figuras. Todas.
Templo de Tebas. Osíris, Medusa,
Apolo nu, Vênus nua . . . Nossa
Senhora, tem disso nos livros?
Depressa, as letras. Careço ler tudo.
A mãe se queixa: Não dorme este menino.
O irmão reclama: Apaga a luz, cretino!
Espermacete cai na cama, queima
a perna, o sono. Olha que eu tomo e rasgo
essa Biblioteca antes que pegue fogo
na casa. Vai dormir, menino, antes que eu perca
a paciência e te dê uma sova. Dorme,
filhinho meu, tão doido, tão fraquinho.

Mas leio, leio. Em filosofias
tropeço e caio, cavalgo de novo
meu verde livro, em cavalarias
me perco, medievo; em contos, poemas
me vejo viver. Como te devoro,
verde pastagem. Ou antes carruagem
de fugir de mim e me trazer de volta
à casa a qualquer hora num fechar
de páginas?

of Famous Literature. I have to read it all.

Before I start reading, how good it feels to pass

my hand over the sound of percaline,

that fluidly transparent crystal: green, green.

Tomorrow I'll start reading. Not now.

Now I want to see illustrations. All of them.

The temple of Thebes. Osiris, Medusa,

Apollo naked, Venus naked . . . Holy

Lord, the books show *that*?

Now the letters, the words. I have to read everything.

My mother complains: This child doesn't sleep.

My brother gets mad: Turn the light off, moron!

Wax falls on the bed, burning

my leg, my sleep. You watch it or I'm going to rip

that Library to shreds before it sets the house

on fire. Go to bed, boy, before I lose

my temper and give you a good spanking. Sleep,

dear child, so silly, so weak.

But I read, I read. I trip and fall

on philosophies, then ride again

my green book, a knight caught up

in cavalries. I see myself living

in stories, poems. How I devour you,

green pasture. Or are you a carriage

for escaping myself and bringing me

instantly back home, just by my closing

the covers?

Tudo que sei é ela que me ensina.
O que saberei, o que não saberei
nunca,
está na Biblioteca em verde murmúrio
de flauta-percalina eternamente.

It teaches me everything I know.
What I'll know much later,
or never,
is in that Library bound in murmuring-green
flute-percaline forever.

PROCURAR O QUÊ

O que a gente procura muito e sempre não é isto nem aquilo. É outra coisa.

Se me perguntam que coisa é essa, não respondo, porque não é da conta de ninguém o que estou procurando.

Mesmo que quisesse responder, eu não podia. Não sei o que procuro. Deve ser por isso mesmo que procuro.

Me chamam de bobo porque vivo olhando aqui e ali, nos ninhos, nos caramujos, nas panelas, nas folhas de bananeira, nas gretas do muro, nos espaços vazios.

Até agora não encontrei nada. Ou encontrei coisas que não eram a coisa procurada sem saber, e desejada.

Meu irmão diz que não tenho mesmo jeito, porque não sinto o prazer dos outros na água do açude, na comida, na manja, e procuro inventar um prazer que ninguém sentiu ainda.

Ele tem experiência de mato e de cidade, sabe explorar os mundos, as horas. Eu tropeço no possível, e não desisto de fazer a descoberta do que tem dentro da casca do impossível.

Um dia descubro. Vai ser fácil, existente, de pegar na mão e sentir. Não sei o que é. Não imagino forma, cor, tamanho. Nesse dia vou rir de todos.

Ou não. A coisa que me espera, não poderei mostrar a ninguém. Há de ser invisível para todo mundo, menos para mim, que de tanto procurar fiquei com merecimento de achar e direito de esconder.

LOOKING FOR WHAT

What I'm always and anxiously looking for isn't this or that. It's
   something else.
If I'm asked what that something is, I don't answer, because it's
   nobody's business what I'm looking for.
Even if I wanted to answer, I couldn't. I don't know what I'm looking
   for. That must be why I'm looking.
They call me a dimwit because I peer into everything: nests, seashells,
   pots and pans, banana leaves, cracks in the wall, empty spaces.
So far I haven't found anything. Or I've found things that weren't the
   unknown thing I'm looking for, and longing for.
My brother says I'm a dummy, since I don't get the same pleasure
   others do from eating, swimming at the dam, or playing
   hide-and-seek, and I'm trying to invent a pleasure that no one's
   ever had.
He knows the woods and the city, how to explore worlds and time.
   I trip over what's possible and keep hoping to discover what's
   inside the shell of the impossible.
One day I'll find it. It will be something simple, real, that I can pick
   up in my hand and feel. I don't know what it is. I can't imagine its
   shape, size, or color. On that day I'll laugh at everyone.
Or I won't. I won't be able to show anyone the thing that's waiting for
   me. It will be invisible to everyone but me, who looked so hard
   and long that I'll deserve to find it and be entitled to hide it.

CUIDADO

A porta cerrada
não abras.
Pode ser que encontres
o que não buscavas
nem esperavas.

Na escuridão
pode ser que esbarres
no casal em pé
tentando se amar
apressadamente.

Pode ser que a vela
que trazes na mão
te revele, trêmula,
tua escrava nova,
teu dono-marido.

Descuidosa, a porta
apenas cerrada
pode te contar
conto que não queres
saber.

BE CAREFUL

Don't open
the closed door.
You might find what
you weren't seeking
or expecting.

In the darkness
you might stumble
on a hurried couple
trying to make
love standing up.

That candle
in your hand might
show you, fluttering,
your young slave girl,
your owner-husband.

If you're not careful,
that just-closed door
might tell you a story
you don't want
to know.

MULHER VESTIDA DE HOMEM

Dizem que à noite Márgara passeia
vestida de homem da cabeça aos pés.
Vai de terno preto, de chapéu de lebre
na cabeça enterrado, assume
o ser diverso que nela se esconde,
ser poderoso: compensa
a fragilidade de Márgara na cama.

Márgara vai em busca de quê? de quem?
De ninguém, de nada, senão de si mesma,
farta de ser mulher. A roupa veste-lhe
outra existência por algumas horas.
Em seu terno preto, foge das lâmpadas
denunciadoras; foge das persianas
abertas; a tudo foge
Márgara homem só quando noite.

Calças compridas, cigarro aceso
(Márgara fuma, vestida de homem)
corta, procissão sozinha, as ruas
que jamais viram mulher assim.
Nem eu a vejo, que estou dormindo.
Sei, que me contam. Não a viu ninguém?
Mas é voz pública: chapéu desabado,
casimira negra, negras botinas,
talvez bengala,
talvez? revólver.

WOMAN DRESSED AS A MAN

They say that Márgara goes out at night
dressed as a man from head to toe.
She wears a black suit and covers her head
with a hareskin hat, becoming
the different self that hides inside her,
a powerful self that compensates
for the helplessness of Márgara in bed.

What, or whom, is she searching for?
For nothing, for no one, except herself,
tired of being a woman. Clothes dress her
for several hours with another existence.
Clad in her black suit, she avoids
the glare of streetlights, she avoids unshuttered
windows. Márgara the man (only at night)
avoids everything.

With long trousers and a lit cigarette
(Márgara smokes when dressed as a man),
in a solitary procession she crosses streets
that have never seen a woman like that.
Nor do I see her—I'm in bed sleeping.
I know because they tell me. Nobody's
seen her? But it's public knowledge: a hat
with turned-down brim, a black cashmere jacket,
black boots, perhaps a cane,
maybe even a gun.

Esta noite—já decidi—levanto,
saio solerte, surpreendo Márgara,
olho bem para ela
e não exclamo, reprovando
a clandestina veste inconcebível.
Sou seu amigo, sem desejo,
amigo-amigo puro,
desses de compreender sem perguntar.

Não precisa contar-me o que não conte
a seu marido nem a seu amante.
A (o) esquiva Márgara sorri
e de mãos dadas vamos
menino-homem, mulher-homem,
de noite pelas ruas passeando
o desgosto do mundo malformado.

Tonight—I've decided—I'm going to get up,
sneak out of the house, and surprise Márgara.
I'll look straight at her
and not cry out, not condemn
her outlandish clandestine outfit.
I'm your friend, without desire,
a pure friend-friend,
the kind who understands without asking.

You don't need to tell me what
you don't tell your husband or lover.
Cautious Márgara smiles at me,
and hand in hand we walk in the night,
a boy-man and a woman-man,
parading through the dark streets
our discontent with the malformed world.

O PADRE PASSA

NA RUA

Beijo a mão do padre
a mão de Deus
a mão do céu
beijo a mão do medo
de ir para o inferno
o perdão
de meus pecados passados e futuros
a garantia de salvação
quando o padre passa na rua
e meu destino passa com ele
negro
sinistro
irretratável
se eu não beijar a sua mão.

THE PRIEST WALKS

DOWN THE STREET

I kiss the hand of the priest
the hand of God
the hand of heaven
I kiss the hand of fear
of going to hell
forgiveness
for my past and future sins
the promise of salvation
when the priest walks down the street
and my fate walks with him
black
sinister
irrevocable
if I don't kiss his hand.

CONFISSÃO

Na pequena cidade
não conta seu pecado.
É terrível demais para contar
nem merece perdão.
Conta as faltas simples
e guarda seu segredo de seu mundo.

A eterna penitência:
três padres-nossos, três ave-marias.
Não diz o padre, é como se dissesse:
—Peque o simples, menino, e vá com Deus.

O pecado graúdo
acrescido do outro de omiti-lo
aflora noite alta
em avenidas úmidas de lágrimas,
escorpião mordendo a alma
na pequena cidade.

Cansado de estar preso
um dia se desprende no colégio
e se confessa, hediondo.
—Mas você tem certeza de que fez
o que pensa que fez, ou sonha apenas?

CONFESSION

In that small town
he doesn't tell his sin.
It's too terrible to tell
and doesn't deserve forgiveness.
He tells his little misdeeds
and hides the secret of his world.

The eternal penance:
three Our Fathers and three Hail Marys.
The priest doesn't say it, but it's as if he said,
"Stick to little sins, son, and God be with you."

His big sin,
compounded by the sin of not telling it,
rears its head at night
on tear-soaked avenues,
a scorpion gnawing at his soul
in that small town.

Tired of being enchained,
one day at school he breaks loose
and tells the awful truth in confession.
"But are you certain of having done
what you think you did, or are you just dreaming?

Há pecados maiores do que nós.
Em vão tentamos cometê-los, ainda é cedo.

Vá em paz com seus pecados simples,
reze três padres-nossos, três ave-marias.

There are sins bigger than we are,
and in vain we try to commit them. You're still young.

"Go in peace with your little sins.
Say three Our Fathers and three Hail Marys."

A PUTA

Quero conhecer a puta.
A puta da cidade. A única.
A fornecedora.
Na Rua de Baixo
onde é proibido passar.

Onde o ar é vidro ardendo
e labaredas torram a língua
de quem disser: Eu quero
a puta
quero a puta quero a puta.

Ela arreganha dentes largos
de longe. Na mata do cabelo
se abre toda, chupante
boca de mina amanteigada
quente. A puta quente.

É preciso crescer
esta noite a noite inteira sem parar
de crescer e querer
a puta que não sabe
o gosto do desejo do menino
o gosto menino
que nem o menino
sabe, e quer saber, querendo a puta.

THE WHORE

I want to know the whore.
The town whore. The only one.
The supplier.
On Lower Street,
where we're not allowed to go.

Where the air is burning glass
and flames sear the tongue
of whoever says: I want
the whore
I want the whore I want the whore.

She bares large teeth
from afar. In her forest of hair
she opens wide the sucking
mouth of a hot buttery
mine. The hot whore.

I've got to grow
tonight all night unceasingly
to grow and to want
the whore who doesn't know
the taste of the boy's desire,
the boyish taste
not even the boy knows,
and he wants to know, wanting the whore.

TRÊS NO CAFÉ

No café semideserto
a mosca tenta
pousar no torrão de açúcar sobre o mármore.
Enxoto-a. Insiste. Enxoto-a.
A luz é triste, amarela, desanimada.
Somos dois à espera
de que o garçom, mecânico, nos sirva.
Olho para o companheiro até a altura da gravata.
Não ouso subir ao rosto marcado.
Fixo-me na corrente do relógio
presa ao colete; velhos tempos.
Pouco falamos. O som das xícaras,
quase uma conversa. Tão raro
assim nos encontrarmos frente a frente
mais que por minutos.
Mais raro ainda,
na banalidade do café.
A mosca volta.
Já não a espanto. Queda entre nós,
partícipe de mútuo entendimento.
Então, é este o mesmo homem
de antes de eu nascer
e de amanhã e sempre?
Curvado.
Seu olhar é cansaço de existência,
ou sinto já (nem pensar) a sua morte?

THREESOME IN A CAFÉ

In the half-empty café
a fly circling over the marble table
tries to land on a lump of sugar.
I shoo it away. It insists. I shoo it away.
The lighting is sad, yellow, discouraged.
There are two of us waiting
to be served by the mechanical waiter.
I look at my companion as far up as his necktie.
I don't dare go as high as his furrowed face.
I fix my eyes on the watch chain
attached to his vest: the old days.
We hardly talk. The clinking of our teacups,
a quasi-conversation. It's rare
for us to meet like this, face to face,
for more than a few minutes.
Rarer still,
in the banal setting of a café.
The fly returns.
I no longer fight it. It sits between us,
partaking in our mutual understanding.
So is this the same man
from when I wasn't yet born,
from tomorrow and forever?
Hunched over.
Weariness of existing fills his gaze,
or do I already feel (God forbid) his death?

Este estar juntos no café,
não hei de esquecê-lo nunca, de tão seco
e desolado—os três
eu, ele, a mosca—:
imagens de mera circunstância
ou do obscuro
irreparável sentido de viver.

I'll surely never forget this time spent
together, so arid and desolate, here
in this café, the three of us:
me, him, the fly: images
of mere circumstance
or of the obscure
irreparable meaning of life.

CORPO

BODY

(1984)

AS CONTRADIÇÕES DO CORPO

Meu corpo não é meu corpo,
é ilusão de outro ser.
Sabe a arte de esconder-me
e é de tal modo sagaz
que a mim de mim ele oculta.

Meu corpo, não meu agente,
meu envelope selado,
meu revólver de assustar,
tornou-se meu carcereiro,
me sabe mais que me sei.

Meu corpo apaga a lembrança
que eu tinha de minha mente.
Inocula-me seu patos,
me ataca, fere e condena
por crimes não cometidos.

O seu ardil mais diabólico
está em fazer-se doente.
Joga-me o peso dos males
que ele tece a cada instante
e me passa em revulsão.

Meu corpo inventou a dor
a fim de torná-la interna,

THE BODY'S CONTRADICTIONS

My body's not my body,
it's the illusion of another
being. A master at the art
of hiding me, it even
hides me from myself.

My body's not my agent.
It's my sealed envelope,
a threatening gun,
and finally my jailer:
it knows me better than I do.

My body deletes the memory
I once had of my mind.
It plants in me its pathos,
which strikes, wounds, condemns me
for crimes I didn't commit.

Its most diabolical trick
is to make itself sick, forcing
me to bear the weight
of each new ache it weaves
and passes to me in disgust.

That's why my body invented
pain: to make it internal,

integrante do meu Id,
ofuscadora da luz
que aí tentava espalhar-se.

Outras vezes se diverte
sem que eu saiba ou que deseje,
e nesse prazer maligno,
que suas células impregna,
do meu mutismo escarnece.

Meu corpo ordena que eu saia
em busca do que não quero,
e me nega, ao se afirmar
como senhor do meu Eu
convertido em cão servil.

Meu prazer mais refinado,
não sou eu quem vai senti-lo.
É ele, por mim, rapace,
e dá mastigados restos
à minha fome absoluta.

Se tento dele afastar-me,
por abstração ignorá-lo,
volta a mim, com todo o peso
de sua carne poluída,
seu tédio, seu desconforto.

an integral part of my id,
where it dims the light that tried
to spread into every corner.

At times my body has fun
without my knowledge and against
my will, and as the vicious
pleasure runs through its cells,
it laughs at my nonreaction.

Ordering me to go out
in search of what I don't want,
it negates my ego, affirming
itself to be lord of my I,
reduced to a servile dog.

Instead of me, my greedy
body is the one that feels
my most exquisite pleasure,
giving only chewed-up scraps
to my unsatiated hunger.

If I try to get away
by thinking of abstract things,
it comes back to me with all
the weight of its filthy flesh,
its boredom and discomfort.

Quero romper com meu corpo,
quero enfrentá-lo, acusá-lo,
por abolir minha essência,
mas ele sequer me escuta
e vai pelo rumo oposto.

Já premido por seu pulso
de inquebrantável rigor,
não sou mais quem dantes era:
com volúpia dirigida,
saio a bailar com meu corpo.

I want to break with my body,
I want to confront and accuse it
for having annulled my essence,
but it goes off on its own
and doesn't even hear me.

Constantly pressed by its pulse
that never misses a beat,
I'm not who I used to be:
led by its sensual step,
I go dancing with my body.

O MINUTO DEPOIS

Nudez, último véu da alma
que ainda assim prossegue absconsa.
A linguagem fértil do corpo
não a detecta nem decifra.
Mais além da pele, dos músculos,
dos nervos, do sangue, dos ossos,
recusa o íntimo contato,
o casamento floral, o abraço
divinizante da matéria
inebriada para sempre
pela sublime conjunção.

Ai de nós, mendigos famintos:
Pressentimos só as migalhas
desse banquete além das nuvens
contingentes de nossa carne.
E por isso a volúpia é triste
um minuto depois do êxtase.

THE MINUTE AFTER

With only nakedness, its final
veil, the soul's still out of reach.
The body's fertile language
can't detect or interpret it.
Beyond the skin, muscles,
nerves, blood, and bones,
our soul shuns intimate contact,
the floral wedding, the deifying
embrace of matter forever
intoxicated by the sublime
act of union.

We're but starving beggars
who barely sniff the crumbs
of that banquet in the clouds
celebrated by our flesh.
And that's why sensuality's sad
one minute after ecstasy.

AUSÊNCIA

Por muito tempo achei que a ausência é falta.
E lastimava, ignorante, a falta.
Hoje não a lastimo.
Não há falta na ausência.
A ausência é um estar em mim.
E sinto-a, branca, tão pegada, aconchegada nos meus braços,
que rio e danço e invento exclamações alegres,
porque a ausência, essa ausência assimilada,
ninguém a rouba mais de mim.

ABSENCE

I used to consider absence a lack.
And I ignorantly regretted that lack.
Today I have nothing to regret.
There is no lack in absence.
Absence is a presence in me.
And I feel it, a perfect whiteness, so close and cozy in my arms
that I laugh, dance, and invent glad exclamations,
since absence, this embodied absence,
can't be taken away from me.

VERDADE

A porta da verdade estava aberta,
mas só deixava passar
meia pessoa de cada vez.

Assim não era possível atingir toda a verdade,
porque a meia pessoa que entrava
só trazia o perfil de meia verdade.
E sua segunda metade
voltava igualmente com meio perfil.
E os meios perfis não coincidiam.

Arrebentaram a porta. Derrubaram a porta.
Chegaram ao lugar luminoso
onde a verdade esplendia seus fogos.
Era dividida em metades
diferentes uma da outra.

Chegou-se a discutir qual a metade mais bela.
Nenhuma das duas era totalmente bela.
E carecia optar. Cada um optou conforme
seu capricho, sua ilusão, sua miopia.

The door of truth was open
but would only let in half
a person at a time.

And so it wasn't possible to have the whole truth,
since the half person who entered
returned with the picture of a half truth.
And the person's other half
likewise brought back a half picture.
And the two halves didn't line up.

They broke through the door. They tore it down.
They arrived at the luminous place
where the truth beamed its brilliant fires.
It was divided into two halves,
one different from the other.

They argued over which half was more beautiful.
Since neither half was entirely beautiful,
they had to choose. And so each person chose
according to his whim, his illusion, his myopia.

FAREWELL

FAREWELL

(1987; FIRST PUBLISHED IN 1996)

UNIDADE

As plantas sofrem como nós sofremos.
Por que não sofreriam
se esta é a chave da unidade do mundo?

A flor sofre, tocada
por mão inconsciente.
Há uma queixa abafada
em sua docilidade.

A pedra é sofrimento
paralítico, eterno.

Não temos nós, animais,
sequer o privilégio de sofrer.

Plants also suffer.
Why wouldn't they, if suffering
is the key to the world's unity?

A flower suffers when touched
by the oblivious hand.
There's a muffled complaint
in its soft pliancy.

A stone is paralytic,
eternal suffering.

We who are animals
can't even claim
the exclusive privilege of suffering.

A CASA DO TEMPO PERDIDO

Bati no portão do tempo perdido, ninguém atendeu.
Bati segunda vez e outra mais e mais outra.
Resposta nenhuma.
A casa do tempo perdido está coberta de hera
pela metade; a outra metade são cinzas.

Casa onde não mora ninguém, e eu batendo e chamando
pela dor de chamar e não ser escutado.
Simplesmente bater. O eco devolve
minha ânsia de entreabrir esses paços gelados.
A noite e o dia se confundem no esperar,
no bater e bater.

O tempo perdido certamente não existe.
É o casarão vazio e condenado.

THE HOUSE OF LOST TIME

I knocked on the doors of lost time. No one answered.
I knocked a second time, a third, a fourth.
No answer.
The house of lost time is half covered
with ivy; the other half is ashes.

A house where no one lives, and me knocking and calling out
because it hurts to call and not be heard.
Knocking, knocking. The echo returns
my desperate longing to open, at least a little, this frozen palace.
Night and day become the same haze in my waiting,
in my knocking and knocking.

Lost time surely doesn't exist.
The imposing house is vacant and condemned.

NOTES ON THE POEMS

Many of Drummond's poems were published in periodicals before being included in book collections. The notes provide initial publication dates only for the earliest poems, before his first book saw print, in 1930.

3   *Seven-sided Poem*
First published in December 1928.

The word *gauche*, in the third line of the poem in Portuguese, has the French meaning of "clumsy, awkward," different from what the word usually means in English: "tactless, socially inept." Much has been written about Drummond's self-characterization as *gauche*, which recurs in "A mesa" ("The Table"), on p. 226. The Brazilian critic Affonso Romano de Sant'Anna used the notion as his central point of reference for analyzing the poet's work in *Drummond: o gauche no tempo*. This book defines the poet's *gauche* persona as an "eccentric" who, beset by "the constant disparity between his reality and outward reality," is condemned to behaving like "a *displaced person* within the ensemble" (*displaced person* in English in the original).

7   *Childhood*
First published in December 1926.

11   *In the Middle of the Road*
In Portuguese the first four words evoke the beginning of Dante's *Inferno*: "Nel mezzo del cammin."

Written in 1924 or 1925 and first published in July 1928, this poem delighted writers and critics with modernist sympathies; it scandalized many others. And it continued to elicit reactions for years to come. In 1967 Drummond published a "biography" of the poem, which compiled all the published criticism on it that he could find. Eucanaã Ferraz brought out an expanded version of this book in 2010.

13   *Square Dance*
Published in November 1927.

15   *Multitudinous Heart*
Published in August 1925.

The Hotel Avenida, located on the Avenida Rio Branco and inaugurated in 1911, was a landmark of chic, fashionable Rio. It was built by the streetcar and electric company, and there was a streetcar terminal just opposite. The hotel's ground floor was taken up by the Galeria Cruzeiro, a shopping arcade that included bars and restaurants. Drummond would write a long poem in homage to the hotel in 1957, the year it was demolished.

17   *Social Notes*
Published in December 1925.

The poem, whose original title is in the singular, was conceived as one of the "notes" in the Social Notes columns that were a regular feature of newspapers.

23   BREJO DAS ALMAS / SWAMP OF SOULS
Brejo das Almas was the name of a small municipality in Minas Gerais. Drummond presumably chose it for a title because of its literal meaning. In 1948, the municipality changed its name to Francisco Sá.

29   *Don't Kill Yourself*
Third stanza, third line: In the original the language is directly Freudian and could be translated as "and repressed things, being sublimated."

41   *Confessions of a Man from Itabira*
The Introduction explains the importance of iron for Itabira and the importance of Alfredo Duval for Drummond.

47   *International Symposium on Fear*
The poem was originally published under the title "Congresso Internacional de Poesia" [International Symposium on Poetry].

109   *Family Portrait*
Second stanza: Brazil became a republic in 1889.

119 *Roll, World, Roll*

This poem contains references to World War II. The Brazilian government's policy of deactivating lighthouses to prevent further attacks from German submarines is referred to in the sixth stanza. The gas in the fourth stanza might be an allusion to the gas chambers.

191 *May Afternoon*

The custom of preserving the lower jawbones of deceased relatives was reported by the anthropologist James George Frazer, among others.

Second stanza: May is an autumn month in southern Brazil.

197 *Make-believe Lullaby*

The Portuguese title, "Cantiga de Enganar" (literally "Song that Deceives"), is a play on "cantiga de embalar," which means cradle song, or lullaby.

215 *The Table*

First published as a chapbook, in 1951.

The poem narrates an imaginary ninetieth birthday party for Drummond's father, who died in 1931 at the age of seventy. All of Drummond's immediate blood relatives—parents, siblings, and offspring, alive or dead—are gathered around the table and described in turn. The deceased sister, Rosa Amélia, was born on her father's twenty-second birthday. The oldest brother, Flaviano, remained in Itabira and followed in his father's steps as a rancher. Altivo was the lawyer. José was the brother who never married. Drummond's younger sister Mariinha, according to the poem, was somewhat estranged from the family. The eight "angels" were the brothers and sisters who died in infancy. The young female described as "my best or only verse" was Drummond's daughter, Maria Julieta, born in 1928. Drummond's mother, Julieta Augusta Drummond, died in 1948 at the age of seventy-eight.

255 FAZENDEIRO DO AR / FARMER IN THE CLOUDS

"Farmer (*or* Rancher) of the Air" would be a more literal rendering of the Portuguese title. Drummond's biographer reported that he first used the expression in a letter to the Brazilian fiscal authorities, protesting the high tax levied on agricultural land that belonged to him but that earned him little or no money.

He was not a wealthy *fazendeiro da terra* (farmer of the land), he explained, but a mere *fazendeiro do ar* (farmer of the air), then living in Belo Horizonte.

327   *Green Library*

The original English-language edition of the *Library* (described in the Introduction to this book) was published in 1898, in twenty volumes. The edition in Portuguese, which reordered the original selections and added a generous amount of Brazilian and Portuguese writing, was produced in Portugal but distributed in Brazil, from 1912 on. One of the translators for the massive project was Fernando Pessoa, still unknown and practically unpublished.

Second stanza: Drummond's father was not a military colonel. The title Coronel was (and is sometimes still) conferred on wealthy landowners or political bosses in the Brazilian interior. Colonel has been used in a similar way in some Southern states.

Andrade, Carlos Drummond de. *Alguma poesia—o livro em seu tempo*. Ed. Eucanaã Ferraz. São Paulo: Instituto Moreira Salles, 2010.

——. *Antologia poética*. São Paulo: Companhia das Letras, 2012 (1st ed. 1962).

——. *A rosa do povo*. São Paulo: Companhia das Letras, 2012 (1st ed. 1945).

——. *As impurezas do branco*. São Paulo: Companhia das Letras, 2012 (1st ed. 1973).

——. *A vida passada a limpo*. São Paulo: Companhia das Letras, 2013 (1st ed. 1959).

——. *Brejo das Almas*. São Paulo: Companhia das Letras, 2013.

——. *Claro enigma*. São Paulo: Companhia das Letras, 2012 (1st ed. 1951).

——. *Fazendeiro do ar*. São Paulo: Companhia das Letras, 2012 (1st ed. 1954).

——. *In the Middle of the Road: Selected Poems*. Trans. John Nist. Tucson: University of Arizona Press, 1965.

——. *José*. São Paulo: Companhia das Letras, 2012 (1st ed. 1942, in *Poesias*).

——. *Lição de coisas*. São Paulo: Companhia das Letras, 2012 (1st ed. 1962).

——. *Nova reunião: 23 livros de poesia*, in 3 volumes. Rio de Janeiro: BestBolso, 2009.

——. *Poesia 1930–62*. Ed. Júlio Castañon Guimarães. São Paulo: Cosac Naify, 2012. Critical edition of Drummond's first ten collections of poetry.

——. *Sentimento do mundo*. São Paulo: Companhia das Letras, 2012 (1st ed. 1940).

——. *The Minus Sign*. Trans. Virginia de Araújo. Manchester: Carcanet New Press, 1981.

——. *Travelling in the Family: Selected Poems*. Ed. Thomas Colchie and Mark Strand. Trans. Thomas Colchie and Mark Strand, with Elizabeth Bishop and Gregory Rabassa. New York: Random House, 1986.

——. *Uma pedra no meio do caminho: biografia de um poema*. Expanded edition compiled by Eucanaã Ferraz. São Paulo: Instituto Moreira Salles, 2010.

Bosi, Alfredo. "'A máquina do mundo' entre o símbolo e a alegoria." In *Céu, inferno: ensaios de crítica literária e ideológica*. São Paulo: Editora 34, 2003.

Cançado, José Maria. *Os sapatos de Orfeu: biografia de Carlos Drummond de Andrade*. São Paulo: Scritta, 1993. A number of biographical details for my Introduction were drawn from this work.

Neto, Geneton Moraes. *O dossiê Drummond*. São Paulo: Editora Globo, 2nd ed., 1994. Contains a transcription of the last interview with Carlos Drummond.

Sant'Anna, Affonso Romano de. *Drummond: o gauche no tempo*, 5th ed. Rio de Janeiro: Editora Record, 2008 (1st ed. 1972).

Strand, Mark. *Looking for Poetry: Poems by Carlos Drummond de Andrade and Rafael Alberti and Songs from the Quechua*. New York: Random House, 2002.

ACKNOWLEDGMENTS

To translate Drummond was an old dream of mine, but the prime mover for this book was Luiz Schwarcz, who had no trouble convincing Jonathan Galassi—who also published *Travelling in the Family*—that it was time to bring more of the poet's work into English. Eucanaã Ferraz, Luís de Andrea, Mafalda Lopes da Costa, Marcus Fabiano Gonçalves, and Mário Ribeiro da Costa helped me clarify the meaning of difficult passages. Jonathan Galassi made some welcome suggestions on my almost final renderings into English. Jill Schoolman and Martin Earl carefully read and critiqued the draft version of my Introduction. I am grateful to all of them as well as to the translators mentioned on page xxvii.

INDEX OF POEM TITLES AND

FIRST LINES IN PORTUGUESE

Poem titles are in *italics*.

INDEX OF POEM TITLES AND

FIRST LINES IN ENGLISH

Poem titles are in *italics*.